The British Anti-Slavery Movement

废奴

罪恶黑三角、大国争霸与世界文明的进化

［英］雷金纳德·库普兰 —— 著

符白羽 ———— 译

REGINALD COUPLAND

中国出版集团

东方出版中心

图书在版编目（CIP）数据

　　废奴：罪恶黑三角、大国争霸与世界文明的进化 /
(英) 雷金纳德·库普兰著；符白羽译. -- 上海：东方
出版中心，2024.7. -- ISBN 978-7-5473-2496-7

　　Ⅰ. D756.12

　　中国国家版本馆CIP数据核字第2024XK4216号

　

废奴：罪恶黑三角、大国争霸与世界文明的进化

著　　者　[英] 雷金纳德·库普兰
译　　者　符白羽
责任编辑　朱荣所
特约编辑　王　清
装帧设计　张贤良

出 版 人　陈义望
出版发行　东方出版中心
地　　址　上海市仙霞路345号
邮政编码　200336
电　　话　021-62417400
印 刷 者　固安兰星球彩色印刷有限公司

开　　本　890mm×1240mm 1/32
印　　张　8.75
字　　数　160千字
版　　次　2024年9月第1版
印　　次　2024年9月第1次印刷
定　　价　70.00元

著名废奴主义者詹姆斯·斯蒂芬。
约翰·林内尔（John Linnell, 1792—1882）绘

牛津大学殖民史教授

雷金纳德·库普兰

（Reginald Coupland, 1884—1952）代表作品

原名《英国反奴隶制运动》

（THE BRITISH ANTI-SLAVERY MOVEMENT）

根据 1933 年第一版译出

序 言

　　1933年3月，在波士顿的罗威尔学院所授课程中，我使用了本书所附材料。本书的写作，尤其是第5章和第6章，得到了W. L.马西森（W. L. Mathieson）博士的大力帮助。他还对这两章进行了仔细研读和斧正。R.帕尔斯（R. Pares）先生校对了书中的部分内容，约翰·哈里斯（John Harris）爵士校对了最后一章。

雷金纳德·库普兰

写于沃顿山（Wootton Hill）

1933年5月

目　录

CHAPTER I

第1章

非洲奴隶制

亚里士多德说，奴隶是"一种活着的工具"，而奴隶制则可以定义为对人力资产的占有和使用。奴隶主可以继承、买卖和遗赠奴隶。从这个意义上说，奴隶跟奴隶主的镐头和铲子没有区别。与其他财产的使用一样，奴隶主对待奴隶的方式要受到其所属社会的传统或法律的制约。但总的来说，奴隶主可以把奴隶当成自己的马和驴一样，随意处置其生命和劳动。同样，奴隶如役畜一样，其健康和幸福是得不到保证的——这要取决于奴隶主的性格和奴隶的工作性质。也许奴隶会得到很好的照顾，甚至有可能会比没有被奴役时过得更好；也有可能遭到残忍的对待，食不果腹，劳累过度，最后被折磨致死。然而，人们谴责奴隶制的出发点往往是出于道德而非物质方面的考虑。奴隶制代表了一种最极端的邪恶，即以强凌弱。奴隶的身心受到束缚，行为举止要受到严格规范，不能主宰自己的生活。他无法改变自己的命运，因为它受别人掌控。虽然西方文明的开创者们认为奴隶制是人类社会长期存在的自然产物，但不可否认的是，奴役的状态会给人带来道德创伤。荷马曾吟诵道："假如奴役的日子降到一个人头上，宙斯便拿走了他一半的美德。"很多人不能理解的是，奴隶制同样可能会给奴隶主带来道德创伤。

从人类历史伊始，奴隶制就产生了。它普遍存在于古代文明的社会经济结构中，如中国、印度、波斯、美索不达米亚、埃及、希腊和罗马。虽然奴隶制在不同时期和地点呈现出不同的特点，但多多少少有一些共性。获取奴隶的方式通常有"内部"和"外部"两种。从社会内部来看，某人之所以被奴役，可能是因所犯罪行而受到惩罚，或者为了还债将自己或自己的孩子卖给奴隶主。从社会外部来看，奴隶来自战争中俘虏的敌人，规模有时十分可观，整个部落或族群的人被迫离开自己的家乡，比如来到巴比伦的犹地亚（Judaea）人。从很早开始（具体时期不明），奴隶贸易就发展起来了。商人从原始部落或实力弱小的部落那里劫持和购买奴隶，然后把他们卖到文明世界。以这种方式获取的奴隶的用途通常有以下两种。最普遍的也是比较温和的一种是家奴制度，也就是在花园、小型农场、小商店、房舍或闺阁中使用奴隶；家奴能与主人建立起个人层面的关系，能有自己的个性，甚至会在某种程度上成为奴隶主家庭的成员。以上提到的种种场合是不可能在第二种奴隶制出现的。这种奴隶制适用范围相对要窄一些，即在大规模工业或农业中使用群体性奴隶。这种对人力的大规模使用需要极其严苛的纪律监管，也体现出了最残忍的暴行。但无论人们对奴隶制表示出多么诚心诚意的歉意，都不能让奴隶遭受的悲剧减少一丝一毫。成千上万没有姓名的奴隶建造了埃及金字塔、尼尼微与巴比伦的宫殿，以及在阿提卡银矿

第 1 章 非洲奴隶制

和罗马的大庄园辛苦工作。

随着文明的不断进步，奴隶制日趋式微。由于不再征服欧洲领土，罗马人对奴隶的需求开始减少。虽然基督教依然支持奴隶主对奴隶的占有，但随着基督教的传播，奴隶的待遇和地位得到不断改善。用于公共工程或大片农村私有土地的集体奴隶制度（gang-slavery）消失了。家奴制逐渐转变成农奴制或农奴土地保有制等更加宽松的奴役形式，并一步步走向瓦解。东欧奴隶制的演变进程比西欧缓慢。同样，在亚洲，奴役范围和人数也在缩小。战争和征服仍在继续：根本没有所谓的"罗马人的和平"。旧世界的某片广袤地区是奴隶的来源地之一，虽然未被穆斯林军队占据，穆斯林奴隶交易者却走了进来。非洲满足了亚洲对奴隶的需求。

迄今为止，人类历史只有过关于白色人种、棕色人种和黄色人种的记载。黑色人种，如尼格罗人及其他黑人生活在撒哈拉沙漠和赞比西河（Zambesi）之间的非洲中部，与世隔绝，对外界一无所知，也不被他人了解。沙漠和沼泽形成了巨大的天然屏障，阻挡了欧洲或亚洲文明通过地中海和近东输入。非洲的热带气候使尼格罗人很容易繁衍生息，但仅此而已。他们生活的地方没有可让大型船通航的河流，也没有冲积平原，而正是河流与冲积平原滋养了埃及、美索不达米亚、印度北部或中国的本土文明。郁郁葱葱的森林和丛林、层峦叠嶂的高山、在太阳炙烤下的干旱土地和频繁的滂沱大雨限制了尼格罗人的活动和彼此间的往来。各地的强大部落建立了某种意义上的军事组织甚至政治组织，但这与欧洲和亚洲取得的社会或文化上的成就完全无法相提并论。大部分非洲人——真正的非洲人是指非洲热带地区的黑人，而非混杂了非洲北部沿海地区的柏柏尔人和闪米特人血统的种族——在人类所有主要种族中是最落后的，一直处于未完全开化的原始状态中。对于生活在其他大陆比较幸运、比较进步的人来说，他们的处境比动物好不到哪里去。就这样一直过了好几个世纪，黑人才有机会证明自己的能力，并因此在人类发展的进程中有了一席之地。他们在体力方面自始至终都优于其他人种，能长时间从事十分艰苦的工作，无论是主动的，还是被逼迫的。因此，只要有对奴隶的需求，黑人都是绝佳的人选。正如希腊人所说，他们是"天生的奴隶"。即使是在后来的基督教徒看来，黑人也是为奴隶制而生的。"含的诅咒"[①]（curse of Ham）说的不正是这个意思吗？

况且对生活在非洲以外的人来说，要从非洲人中挑选奴隶是一件很简单的事，他们只需要设法将奴隶带回家就可以了。其实奴役现象在非洲中部早已出现，只不过并没有发展到埃及或

①　"含的诅咒"出自《圣经·创世记》第9章。含是挪亚的儿子，有一天看到醉酒的父亲赤裸的样子，就出去告诉哥哥闪和弟弟雅弗。挪亚知道后，勃然大怒，说："迦南（含的儿子）当受诅咒，必给他弟兄作奴仆的奴仆。"这个故事最初可能是为了证明迦南人臣服于以色列人的合理性。后来，一些基督教徒、穆斯林和犹太人用这个故事解释为什么黑皮肤的人要成为奴仆。——译者注

亚洲的规模。集体奴隶制是比非洲文明要高等得多的文明的一部分。除了神秘的津巴布韦和罗得西亚的大规模遗址，我们找不到其他集体奴隶制存在的证据。相比之下，家奴制几乎成了非洲人日常生活的一部分。在交战中胜利的部落会奴役被征服部落的妇女和儿童，如果被征服部落的男人侥幸不死，也会沦为奴隶。因此，部落以外的商人能用从遥远的地方带来的令人向往的新奇商品轻易地诱惑部落酋长——到了后来，最令酋长垂涎的商品是枪支和烈酒。作为交换条件，酋长会将村子里的奴隶卖给这些商人，有时甚至会袭击附近的村子，将抓到的所有村民全部卖掉。如果商人及其随行人员带了足够的武器，又恰好在不好战的部落进行交易，他们有可能会自己动手抢人。

　　在此期间，非洲奴隶从非洲中部地区和阿比西尼亚^①的山麓丘陵被运到了几内亚湾和安哥拉的沿岸地区，但奴隶的主要来源一直都集中在非洲大陆的心脏地区——尼罗河上游、刚果河上游和东非大湖区之间的赤道地区（equatorial area）。总的来说，这里人口密集、缺乏组织，也是最没有防御能力的。苏丹南部和埃及之间有了可以通航的尼罗河；尼日尔和刚果之间的商旅队穿越撒哈拉沙漠；地中海沿岸建造了不少希腊、腓尼基和罗马城市。这些贸易通道刚一建立，人们就开始源源不断地从非洲大陆的心脏地区向北运输奴隶。还有一条奴隶输出路线往东一直延伸

---

① 埃塞俄比亚的旧称。——译者注

到印度洋海岸。早在伊斯兰教发展壮大之前，来自阿曼的阿拉伯殖民者就沿着索马里兰到赞比西河的岸边建造了数量众多的贸易城市。

阿拉伯人借伊斯兰教的影响，沿着非洲海岸以北一路进军到大西洋，从而掌握了奴隶贸易的三条主要路线。从9世纪开始，阿拉伯商人成为伊斯兰教国家奴隶需求的主要供应者。他们在阿拉伯市场贩卖人口。接着，土耳其帝国的非斯、突尼斯、开罗、大马士革、麦加和巴格达也开始贩卖人口。从东非的各个港口，尤其以基卢瓦为甚，大量的奴隶源源不断地跨过印度洋来到波斯湾，接着进入波斯内陆地区，或者沿着海岸线来到印度。到15世纪，信奉伊斯兰教的孟加拉王国拥有几千名非洲奴隶。在阿拉伯历史发展的黄金时期（约900年到1300年），阿拉伯人的船在东部各个海域独领风骚，阿拉伯贸易站在海岸线上星罗棋布，而悲惨的非洲人仍在流离失所。976年，阿拉伯使者访问中国，随行人员中便有一个"黑人奴隶"，此事曾轰动一时。

就这样在接下来的几百年里，非洲人口运输到亚洲的现象不断重演。每年平均运输的奴隶数量谈不上"巨大"——应该不超过几千人。然而，由于在19世纪末之前运输奴隶的现象从未中断，亚洲的奴隶贸易总量肯定是十分惊人的。非洲人遭受的痛苦还不仅如此。当欧洲加入了亚洲的这场奴隶贸易后，又有大量的非洲人被欧洲人从家乡掳走。

葡萄牙人是欧洲人中最早开始奴隶贸易的，原因很简单：他们是第一批近距离接触非洲中部的人。阿拉伯地理学家的著作让欧洲人知道有一片富饶的土地一直延伸到摩洛哥空旷的大西洋沿岸地区以南。15世纪初，葡萄牙人开始跟随热那亚人之前探险的脚步，沿着非洲海岸一点点前行，甚至到了热那亚人没有踏足的地方，直到1445年到达塞内加尔。这条南下的路线把葡萄牙人带到了之前不曾想到的地方——绕过好望角来到印度，让他们认识到了东方人在海事和商业方面的成熟发展。首次沿着非洲海岸的旅程是由被称作"航海家恩里克"（Henry Navigator）的恩里克王子组织的。他是英格兰国王亨利四世（Henry IV）的外甥，父亲是葡萄牙国王若昂一世（João I），母亲兰开斯特的菲莉帕（Philippa of Lancaster）来自兰开斯特家族，是亨利四世的姐姐。恩里克王子只是想在几内亚湾建立葡萄牙的最高统治权，然后继续东进，加入阿比西尼亚的基督教徒队伍，并在背后攻打北非的"摩尔人"。讽刺的是，欧洲基督教徒最开始参与非洲奴隶贸易的理由竟是为了资助"最后的十字军东征"（"last crusade"）。恩里克王子指引手下的探险者试着从几内亚（Guinea）出发，通过海路将宝贵的黑人奴隶带到葡萄牙。在他之前，阿拉伯人早已带着黑人奴隶穿过沙漠来到突尼斯和摩洛哥了。1441年，恩里克王子手下的两个船长在里奥德奥罗（Rio d'Ouro）得到十二个大人和小孩后，将他们送给了奴隶主，这让奴隶主欢喜不已。奴隶贸易开始迅猛发展。恩里克王子慷慨发放购买奴隶的许可证。1444年，六艘小型帆船以"合伙"事业为名，从拉各斯出发前往非洲，后来带回了二百三十五名奴隶。到了1448年，到达了塞内加尔和冈比亚的船队并没有就此停住脚步，一共输入了近一千名奴隶。探险家们继续向南航行，到达刚果和安哥拉，最终绕过好望角来到莫桑比克。由于供应源的不断扩大，奴隶数量随之增多。

这样一来，在西欧早已销声匿迹的奴隶制又死灰复燃。大多数奴隶被卖给葡萄牙地主后，被迫耕种因摩尔战争而荒废的土地。看上去这种实验式的做法是无论如何都难以为继的，并且造成了糟糕的社会经济后果。事实的确如此。人们一旦发现从西非出口黄金和象牙的利润更多，奴隶贸易就开始减缓，并最终完全停止。虽然据说直到1539年，每年仍有几千名奴隶在里斯本的奴隶市场被卖掉，但当时富庶的印度和远东市场已经打开，因此从那以后，葡萄牙商人不太可能再大费周章地用船将奴隶带回来。然而，欧洲奴隶贸易带给非洲的注定不会只是转瞬即逝的温和的痛苦。探险时代不仅打开了西半球——西印度群岛、美洲，也打开了南半球和东半球——西非和印度洋。不仅如此，探险还推动了殖民化进程。当旧世界的欧洲人意识到自己并不是真的需要黑人奴隶时，新世界的欧洲人却发现黑人奴隶对自己来说是不可或缺的。

1492年，克里斯托弗·哥伦布首次到达巴哈马群岛。半个世纪之后，西班牙人征服并占领了从墨西哥，经秘鲁，到乌拉圭及西印度群岛中所有较大岛屿的广袤土地，1531年，葡萄牙人开始了对巴西的殖民统治。很快，新定居者开始大肆掠夺被征服土地上丰富的自然资源，在大陆上挖掘金矿和银矿，并在西印度群岛较大的岛屿和巴西肥沃的土地上经营一个个烟草、靛蓝和糖料种植园，但他们不久便发现，要获得必要的劳动力供应十分困难。劳动力缺口很大，白人工资成本高，加上热带地区气候炎热，要让欧洲人实现自给自足几乎是不可能的。在新定居者征服印第安人的过程中，许多印第安人被屠杀，还有不少逃到了山林。虽然有足够多的印第安人做奴隶，但他们缺乏耐力、无法长时间从事异常艰苦工作的弱点不久便暴露出来。如果不是葡萄牙人后来找到了应对的方法，新世界大部分地区的经济发展将受劳动力短缺的限制——不过，具体的影响有待进一步证实。东方的穆斯林能做到的，西方的基督教徒也做得到。非洲"拯救"了美洲。

　　第一批来自几内亚的奴隶分别于1510年和1521年到达海地和古巴。讽刺的是，他们之所以来到西班牙殖民地，是因为受到了西班牙传教士人道主义热情的推动。1514年，墨西哥首任主教、乐善好施的巴托洛梅·德拉斯·卡萨斯（Bartolomé de las Casas）开始谴责印第安人遭受的残暴对待，并发出呼吁——他早就应该认识到这一点——让非洲奴隶代替印第安奴隶。自此，跨过大西洋运输的非洲奴隶数量迅猛增长：到1576年，西属美洲殖民地拥有约四万名非洲奴隶。与此同时，葡萄牙人采取了同样的权宜之计，开始将他们在安哥拉殖民地的非洲人通过南大西洋海峡转运到巴西殖民地。仅在1585年，伯南布哥[①]就有一万名黑奴。葡萄牙人独霸了西非奴隶出口，控制了西班牙殖民地奴隶的主要供应。从1580年开始，西班牙政府通过"阿西恩托"（asiento）协议将西属美洲殖民地的奴隶供应全权交给葡萄牙人。这是一桩赚钱的生意。葡萄牙在16世纪和17世纪的经济发展主要得益于从奴隶贸易中赚取的利润。

　　殖民热带地区和控制奴隶供应曾是伊比利亚民族的专属特权，他们仅仅靠着奴隶供应就能有效开发热带殖民地的资源，但这一特权并没能维持太长时间。自17世纪末以来，欧洲其他航海民族——荷兰人、法国人和英国人开始侵犯专属于西班牙人和葡萄牙人的领地。18世纪初，荷兰人占领了东印度群岛、锡兰、开普、苏里南（圭亚那）。法国人获取了法兰西岛（毛里求斯岛）、路易斯安那、海地西部、瓜达鲁佩岛和西印度群岛中的某些岛屿。英国人得到了巴哈马、牙买加等其他岛屿和洪都拉斯。与之前的西班牙人和葡萄牙人一样，荷兰人、法国人和英国人在刚占领殖民地时，就囤积了大量奴隶，并且没有将奴隶的供应交给葡萄牙人。他们入侵了几内亚湾，在其沿岸建立防御据点，加入了奴隶贸易的队伍，连丹麦也在几内亚湾沿岸设法获得了一个据点，通过圣托马斯岛和圣克洛伊岛向西班牙殖民地供应奴隶。从非洲外流的人口迅速增加。少数非洲人往东迁徙，有

---

① 伯南布哥位于巴西东北部。——译者注

第 1 章 非洲奴隶制

一段时间到了东印度群岛，而前往法兰西岛及其周围地区的迁徙则没有间断过。还有一小部分非洲人中途在开普殖民地停了下来。1708年，开普殖民地的一千七百名奴隶中的大部分来自西非、东非和马达加斯加。在整个18世纪，每年都有大量奴隶漂洋过海来到大西洋对岸。从一些粗略的数字中，我们可以看出当时奴隶迁徙的规模。大约在1800年，西属美洲殖民地中有七十七万六千名黑人奴隶。从1759年到1803年，六十四万两千名奴隶通过在罗安达的圣保罗、本格拉等港口被运到了巴西。大约在1775年，法属西印度群岛的奴隶超过了五十万人。奴隶数量之所以如此之多，主要是因为甘蔗种植园的不断增加。英国最大的"甘蔗岛"牙买加在1764年和1800年分别拥有十四万名和三十万名黑人奴隶。奴隶制也存在于加勒比海以外的地区：它发展到了北美洲。1620年是弗吉尼亚殖民地建立的第十四个年头。这一年，第一批乘坐荷兰船的二十名奴隶来到了詹姆斯敦。到了1760年，詹姆斯敦的奴隶数量从最开始的二十人增加到了二十万人，约占总人口的一半。1760年，在日后将组成美国的十三个英国殖民地中，黑人是白人数量的十分之三。在马里兰北部，占白人数量百分之八的黑人主要被雇来作为家奴或农场奴隶。在马里兰南部，奴隶以集体受雇的方式在农场种植甘蔗、烟草，后来又开始种植棉花。因此，在北美洲南部、西印度群岛和南美洲，欧洲人使更加残酷、需要大量奴隶的奴隶制——集体奴隶制重焕生机。由于集体奴隶制阻碍了奴隶人口的自然增长，为了保证奴隶的正常供应，需要不断补充新鲜血液，由此输入的奴隶人口总量之大，令人咋舌。18世纪下半叶，跨大西洋奴隶贸易发展达到顶峰。可以肯定地说，在短短一两年的时间，通过大西洋运输的奴隶人口就超过了十万。一百多年前的一项权威统计显示，1680年到1786年，运输到美洲和西印度群岛的英国殖民地的奴隶总数为二百一十三万人。运输到欧洲殖民地的奴隶总数估计高达四千万人。也许有人认为实际数字不到统计数字的一半，但不要忘了，欧洲奴隶贸易一直如火如荼地持续到19世纪中期以后，而阿拉伯的奴隶贸易量更是难以计数。阿拉伯人带走的都是精力旺盛的非洲年轻人，留下的全是非老即弱的人。这样一来（我们将在之后解释），每获得一个通过"适应"①期的非洲奴隶，则意味着至少有另一个非洲人死亡，因此，现代非洲人口相对较少也就不足为奇了。

　　在导致非洲人口减少的贩卖活动中，英国人占了很大一部分。在已知的第一批从事奴隶贩卖的英国人中，约翰·霍金斯（John Hawkins）爵士是伊丽莎白一世时代的一名海军军官，他打破了葡萄牙人的垄断，于1562年到1567数次航行至西非，卖掉了他在西班牙殖民地获得的奴隶。然而，早期为开展非洲奴隶贸易建立的特许公司主要从事的是黄金买卖，直到1663年，在

---

① "适应"的英语原意是调味品，有时也采取直译的手法译为"调味品"。在"适应"期，奴隶需要适应新气候、饮食、地理等条件。——译者注

得到"英国皇家冒险者开发非洲贸易公司"（Company of Royal Adventurers of England trading with Africa）的垄断特许后，英国的奴隶贸易开始走向正轨，从此便一发不可收拾。虽然垄断特许于1697年被取消，但每年仍约有五千名奴隶搭乘英国船被运往各地。英国通过1713年的《乌得勒支和约》[①]（*Peace of Utrecht*）得到了觊觎已久的"阿西恩托"，很快便在海上强国中独占鳌头。到了1770年，一百九十二艘英国贩奴船运输近五万名奴隶，占据整个奴隶贸易量的半壁江山。虽然在失去美洲各殖民地之后，英国奴隶贸易量有所减少，但1787年仍然达到了三万八千人。法国奴隶贸易量紧随其后，约为两万人到三万人之间；葡萄牙位居第三，约为一万人。到1770年，利物浦的奴隶贸易量占到英国奴隶贸易量的一半以上，到18世纪末更是占到七分之六。伦敦和布里斯托尔的奴隶贸易量占到除去利物浦后的英国奴隶贸易量的一半以上。

不可否认的是，有的奴隶交易者特别残暴，但在所有欧洲海洋国家，交易奴隶的方式大同小异。最开始的时候，突然出现在海岸线的奴隶交易者会将奴隶团团围住。但渐渐地，当地人提高了警惕，只要出现船的影子，他们便会藏匿于灌木丛中。有些胆大的奴隶交易者虽然会只身深入内陆地区，但通常会与本土的

---

① 该和约由一系列条约组成，旨在结束西班牙王位继承战争。和约的签署标志着路易十四控制西班牙的野心落空。——译者注

或混血的商人做交易。奴隶交易者拿着从欧洲带来的便宜货——布料、珠子、工具、火枪、火药和烈酒交换非洲内陆地区的酋长手中的奴隶。从已知信息来看，酋长们，至少是强大部落的酋长们并没有抵抗住或者想要抵抗这些物品的诱惑，其中枪支和酒是他们最想要的。我们发现，部落内部的奴役行为正日益成为轻罪的惩罚手段，哪怕是很轻的罪行也不例外。部落之间因奴隶问题导致的战事不断，即使在和平时期也会绑架妇女和儿童。这多多少少已成为非洲人生活的常态。奴隶贸易正渐渐渗透非洲内陆地区。购买奴隶后，奴隶交易者让这些奴隶排成长长的一队，一路跋涉来到海边。为了防止奴隶逃跑，奴隶交易者常常给他们戴上枷锁，还把他们锁在"奴隶棒"上——这是一根长长的棍棒，一端分叉，用来卡住他们的脖子。奴隶的头上还顶着为旅途准备的食物和行李，或者奴隶交易者买到的象牙等当地特产。有些身体不够强壮的奴隶往往承受不了路上极其恶劣的条件。半路上生了病的奴隶要么被杀掉，要么就只能自生自灭。在那些繁忙的运奴路线上，到处可见奴隶的森森白骨。

到达岸边后，奴隶被装在专门设计的贩奴船上。船体被甲板分为水平方向的上下两层，相隔三英尺左右，中间有一个舷梯。手脚被铁链铐住的奴隶两个两个地被放在一层层架子上，男女分别在不同的货舱。由于装的货越多，利润越大，奴隶有时只能紧紧地挨在一起，几乎无法转动身体。一艘一百五十吨位的船可以装下六百名奴隶。如果船直接开到巴西，一路上用不了多长

第 1 章 非洲奴隶制

时间，可如果是要去被称为"中间航道"（Middle Passage）[①]的西印度群岛——奴隶分配中心，则可能会因逆风或风力减弱而延长好几个星期。遇上风平浪静的天气，奴隶会被带上甲板，被催促着或被逼迫着以跳舞的方式活动筋骨。可要是天公不作美，货舱里的情况则可想而知。不用说，这里一定是疾病肆虐的地方。虽然那些拒绝进食的奴隶会被强制喂食，但据估计，到18世纪下半叶，平均下来，每趟海上运输仍有六分之一的奴隶死在船上。船长和来自欧洲的水手面临的环境不仅严酷，还十分危险：贩奴船上的死亡率比任何一艘商船要高得多。疟疾横生的非洲海岸被称为"白人的坟墓"并不是没有道理的。航行于世界各地的英国水手在歌曲中是这样唱的：

> 留意贝宁湾，可别出岔，
> 进去四十个，出来一个。

在即将到达交易地时，奴隶主会给奴隶检查身体，为出售奴隶做准备。他们试图遮住奴隶身上因暴风雨或被虐待造成的伤口，不让人察觉。即使这样，码头上等待的买主也会常常抱

---

① "中间航道"又称"中央航路"，是指在跨大西洋的奴隶贸易中，装载廉价商品的船从欧洲出发，在非洲购买或绑架奴隶来交换商品，然后沿着"中间航道"跨过大西洋，最后在美洲换成蔗糖、烟草等产品返航。——译者注

怨，称上岸的"这批黑鬼货……很糟糕""一般般"或者"被过度滥用了"。最终，奴隶直接在船上或在公开的奴隶交易市场被"哄抢"或拍卖。18世纪，一个身体健康的男性奴隶可以卖出高达六十美元的价格。生病或受伤的男性奴隶则会与孱弱的妇女和儿童混在一起，被当作"处理货"贱卖。那些好不容易来到种植园的奴隶同样无法就此安定下来。在承受余生的悲惨遭遇之前，他们还不得不面对另一个考验。他们受雇的前几个月叫"适应"期。在此期间，多达三分之一的奴隶因无法适应新的气候、食物或苦力而死亡。如果把所有奴隶的死亡人数计算在内——在掳掠奴隶的争斗或抢劫中、在运输奴隶的过程中、在"中间航道"停留期和"适应"期——据保守估算，每出现一个"适应"新环境的奴隶，就意味着另一个非洲人被杀。

　　在奴隶制的发展历史中，除了最初和最后的阶段，奴隶制在西班牙殖民地的发展相对来说是最没有压迫感的。在持续时间很长的中期，西班牙国王和教会合力减轻奴隶的痛苦，要求奴隶主做好给奴隶受洗的准备，确保他们在做弥撒时在场，并为他们提供结婚场所。如果来自两个庄园的奴隶想要结婚，其中一方的奴隶主必须要在估价会上把另一方买下来，不得通过卖掉任何一方的方式拆散婚姻。奴隶主解放奴隶的行为被认为是一种美德而受到鼓励。虽然法律上并无明文规定，但传统的做法是，奴隶可以获得财产，并以合理的价格赎回自己的自由。如果奴隶受到了虐待，可以向负责"保护奴隶"的地方行政官提出申请，要求尽快出售许可证。如果有人愿意在一段时间后或以低廉的价格解放奴隶，那么许可证的出售则是强制性的。因此，到18世纪末，西班牙一些殖民地中得到自由的黑人至少占西班牙殖民地全部奴隶的三分之二，也就不足为奇了。

虽然法国同样奉行绝对的君主制，教会信奉罗马天主教，法国的奴隶制却比西班牙残酷得多。路易十四（Louis XIV）发布的"黑色法典"（Code Noir）等规章制度并没有得到执行：至少在法属海地（圣多明戈），奴隶的境遇和其他殖民地的奴隶一样糟糕。

英国殖民地同样无法与西班牙殖民地相提并论。虽然皇家议会从未放弃用最高立法权，甚至到最后不得不行使这一权力来解决奴隶制问题，但对奴隶制的监管通常被视为国内事务，由各殖民地代表政府的立法机关解决。这些立法机关多多少少是不敢违抗"直辖殖民地"的意见的，其法律的制定要受到官方的控制。也就是说，通常而言，奴隶主及其白人后代可以随心所欲地对待奴隶。由于各种错综复杂的原因，这意味着某种压制式的管理方式。"改善奴隶处境"的政策不仅旨在保护奴隶不受到过度虐待，还能教他们识字，启发他们的心智，但被奴役的黑人数量又远远超过奴隶主，因此大部分奴隶主坚信，这一政策一定会招来麻烦。一方面，奴隶可能接触到新的思想，对自身的权利和获取权利的能力产生新的认知——这一过程会激发他们的不满，从而打击劳作的积极性，最终会不可避免地导致全面叛乱。另一方面，奴隶的开化程度越高，就越难以接受，甚至是不可能接受奴隶制的正当性。实际上，一些人通常认为，那些处于原始状态的奴隶由于天性使然，是没有资格享受人权的。1774年，一名叫爱德华·朗（Edward Long）的牙买加官员所著的一本关于牙买加历史的书出版了。他在书中呼吁人们应该人道地对待奴隶，但同时花了不少篇幅指出，奴隶应与猩猩同属一类，只是"同属中的不同种类"而已。奴隶被当作"活的工具"或家畜，并永无翻身之日，因而被剥夺了过上开化的人类生活的希望——这是当时人们普遍的观点，也决定了奴隶主的基本态度。解放奴隶的想法既不得人心，也不被鼓励。尽管和西班牙殖民地上的奴隶一样，英国奴隶也能分到一部分土地的使用权，还可以出售土地上生产的剩余农作物，可这些换来的钱远远不够赎回自由。1827年，仅在西属古巴的自由奴隶就比整个大不列颠群岛上的自由奴隶还要多。基督教的宣传也受到了压制。虽然一开始的法律规定，应让奴隶接受洗礼，但在美洲殖民地南部，教奴隶读写字、认字是违法的。18世纪末，西印度群岛上如火如荼地开展了传教运动，最终使不少奴隶皈依基督教。但白人认为传教运动给奴隶种下了自己应享有权利的危险想法，因此普遍反对传教士的做法，甚至迫害传教士。当然，奴隶之间很少结婚，这是因为他们的婚姻关系不具备合法性，只需一纸卖身契便可解除婚姻关系。在（西印度群岛的）大部分岛屿上，几乎没有出现过奴隶结婚的情况。然而，这种压制性的奴隶制最不公正的地方在于，除了在军事法庭，奴隶不得提供对非奴隶一方不利的证词，这意味着"改善奴隶境况"的法律无论通过多少次，依然很难生效。在间接证据充分或证人不是奴隶的情况下，白人哪怕犯了谋杀罪，也只能以虐待他人问罪。有位来自圣文森特岛的首席法官，也是一个庄园主，他承认，由于这条证据法规则，"白人实际上是凌驾于法律之上的"。

由于受到"有罪不罚"原则的保护，白人对待奴隶的残暴行为令人发指。奴隶的各种行为，尤其是小偷小摸的习惯有时会让奴隶主十分恼火。相比之下，奴隶主在奴隶身上施加的惩罚就远远不是"野蛮"二字能概括的了。最常见的惩罚方式是鞭笞，有时还会长时间重复进行。去过西印度群岛的人曾看到奴隶身上（男女不限）的累累伤痕，非常震惊。在写于1787年的一封信中，一名住在安提瓜的居民是这样描述除鞭笞之外的惩罚方式的：

> 这个岛上奴隶遭受的惩罚层出不穷，非常残酷……手指夹便是其中之一。这是一种非常野蛮的发明，它将奴隶的手指紧紧地夹住，使其无比痛苦。"铁项链"是一个套在或固定在奴隶脖子上的圆圈，项圈还会一个个地往上加……使被套住的奴隶无法把头低下来休息片刻。"靴子"是一种扣在脚踝上方的坚固铁环，周长四英寸（1英寸=2.54厘米）。有的奴隶主还会用链子把奴隶拴起来。只要奴隶还能工作，就不得不忍受这

一切。中午，在这个镇上的街道上，随处可见脖子上套着铁链、脚踝上套着铁环的被拴在一起的黑人……"套在腿上的刺状物"的样子和"靴子"相似，也是一种铁环，只是外圈加上了三四英寸长的刺，呈水平方向展开。还有一种折磨受压迫奴隶的方式，就是用链子将他们的身体绑起来，并挂上一把大锁。有个孩子每天要从我家房前经过好几次。在过去的六个月中，他就这样被链子一直绑住，什么衣服也没穿。他还不满十四岁……

这些内容读起来不禁让人毛骨悚然。如果想要知道更多此类细节，可以从官方的记录和废奴运动的文献中找到令人骇然的内容。然而，那些最憎恨奴隶制并坚决反对奴隶制的人从来不会犯以偏概全的错误，将个别奴隶主的恶行推及整个奴隶主阶层。1823年，威廉·威尔伯福斯[①]写道："我真诚地认为，许多西印度群岛的种植园主显示出了非同寻常的善意和宽容。"奴隶对待奴隶主的态度常常是十分友好的；事实上，奴隶很少反抗奴隶主，即使真的奋起反抗，他们也很少杀掉白人。

话说回来，奴隶制本身是残酷的，因为它建立在当时当地

---

① 威廉·威尔伯福斯（William Wilberforce，1759—1833），英国政治家、慈善家、废奴运动的领袖。《1833年废奴法案》通过仅三天，他就去世了，葬于威斯敏斯特教堂。其墓地与其好友小威廉·皮特的墓地距离很近。——编者注

特定的经济基础之上，这决定了人力工具会不可避免地遭到残忍的利用。对奴隶来说，最可怕的敌人就是甘蔗，此话一点不假。首先，甘蔗种植园的开发需要的肯定是集体奴隶制，而不是更加温和的小农场管理方式。其次，比起其他农作物，18世纪甘蔗园的开发对奴隶的体力提出了更高的要求，尤其是在甘蔗的播种期和收割期。最后，甘蔗贸易是一个高度投机的产业，被称为"西印度群岛的博彩业"，一旦经营不善就不得不将甘蔗抛售出去。甘蔗贸易面临失败的风险要远高于成功的概率。这一特点决定了奴隶的体力会长期受到极大损耗，再加上庄园常常更换主人，其结果便是，真正的"殖民者"在岛上安了家，关心岛上居民的利益，将种植园原封不动地传给儿子，身边的奴隶一个也不会卖掉。这样一来，奴隶更容易依附于庄园并开始融入农奴阶层——具有代表性的旧殖民方式越来越少见，牙买加尤甚。取而代之的是，庄园主把对庄园的占有视为谋生手段而非生活方式，或者视为赌注而非责任。许多庄园主留在了英格兰，雇人替自己打理庄园。大部分离开英格兰的人只有一个念头，那就是迅速致富后返回家乡。甘蔗的生产环境对身体极其有害。为了在最短的时间内获取最大的利润，人性的善良与仁慈被抛在了脑后。有的奴隶主认为，让奴隶工作至死再去购买新的奴隶才是最划算的。然而，并不是所有奴隶主都这样冷酷无情，也不是所有的奴隶会被鞭子逼着集体干活。在1791年对多米尼加的一个种植园的描述中，我们看到的是一群快乐的自由劳动者。这种情景和今天的人们在非洲的所见所闻如出一辙。

> 看着他们工作的样子真叫人高兴。他们像军队的士兵一样排成一排，所有人的锄头整齐划一地挥动着；女人们唱着自己创作的滑稽歌曲，男人们则与她们应和，看谁的声音能超过对方。

然而，有些庄园的"运作体系"给我们展示了一幅更加真实的情景。描述者同样来自安提瓜。

> 日出时分，年纪从二十岁到六十岁不等甚至更大的黑人被集体赶到种植园，开始在白人工头的监视下工作。这些工头通常是贫穷的苏格兰小伙子，一开始是种植园的契约用人，由于勤劳肯干，很快便成为种植园的主人。地位在这些工头之下的是监工，他们大多是黑人或混血儿。监工配备鞭子，只要看到奴隶稍加放松，监工就有权鞭打他们，不管他们是有所懈怠还是真的已经干不动了，也不管男女老少，一概如此。12时，奴隶可以休息一会儿（也就是放下手头的活），趁这个空当来补充体力；下午1时30分，钟声一响，他们就得出来继续劳作，直到夜幕降临……

第 1 章 非洲奴隶制

　　每座岛屿和种植园的情况肯定各有不同。然而，一个不争的事实是，除了那些管理得当的种植园，其他种植园的奴隶死亡率高得出奇。基于此，加上奴隶人口的低生育率——奴隶脱离了原来土生土长的生活环境，性别比例失衡，教育缺失，不鼓励奴隶结婚和盛行滥交等各种因素的影响，奴隶贸易的发展越来越残酷。1690年，牙买加约有四万名奴隶，1820年有三十四万名奴隶。1690年到1820年，约有八十万名奴隶被运到牙买加。

　　当然，奴隶制带来的恶劣影响并不仅局限于黑人。因完全占有自己的同类而带来的道德上的不安让人难以承受。在古老的西印度群岛，白人的生意萧条带来了更大的压力，这不仅是因为白人远离故土，受到各种约束，还因为异乡的气候会带来各种风险和诱惑。从某种意义上说，原来的"殖民地"家族属于真正的贵族，但许多得到"殖民地"家族的庄园后想要发财致富的人的品性则截然不同——不负责任、傲慢无礼、酗酒赌博，随随便便与女性奴隶同居，并且通常短命。他们中间最软弱无能的那些人沦落到社会底层，成为"贫穷的白人"，社会和道德地位和黑人一样，甚至更低。这一可怜的阶层不可避免地会成为奴隶制的伴生物。在今天的美国南方各州和南非，仍然存在着这种"混杂"或"双种族"的社会。虽然奴隶制已消亡，但有人还在把黑人种族作为主要劳动力的唯一来源。

　　奴隶制的维护者们有意忽略或否认奴隶制教坏了黑人。他们甚至声称，奴隶制把黑人从原始的野蛮状态中解救出来，让他们接触到了一种更加高级的文明，因此奴隶制对黑人是有好处的。然而，即使对于少数幸运的奴隶，这种借口都很难自圆其说，更不用说能为奴隶制道德上的不公正和本身的残酷正名了，而没有任何一个借口能解释奴隶贸易赤裸裸的残暴。即便如此，在西欧的海洋国家，在长达三四百年的时间里，人们不仅容忍了奴隶制和奴隶贸易的存在，甚至或多或少地对此予以积极支持，到了19世纪才最终将之摈弃。这是人类文明的进程上不光彩的一幕。虽然人与人之间的关系在其他方面有了进步，但奴隶主和奴隶之间的关系在倒退，并且一直在重复着过去的错误。历史学家们虽然不希望用自己所处时代的标准判断祖先们的所作所为，但通常认为，亚洲和欧洲先后对待非洲的方式是历史上最大的罪行。

CHAPTER II

第 2 章

废除大不列颠群岛的奴隶制

威廉·威尔伯福斯说："这样的制度（奴隶制）竟然在大英帝国的各个角落存在了如此之久，在我们的子孙后代看来将是不可思议的。"但我们必须要记住的是，在威尔伯福斯所处的时代，现代人道主义才刚刚诞生。人们对待儿童和动物的态度，向穷人、病人、疯子提供食物，对犯罪行为的惩罚，在这些方面，18世纪的标准比现在要低得多。我们同样不要忘记，奴隶制中的不人道现象是那些循规蹈矩、深居简出的普通英国人不曾经历过的。这些英国人没有见过在"中间航道"上航行的贩奴船，也没有听过为催促种植园奴隶赶紧干活抽打在他们身上的鞭子声。当然，奴隶制和奴隶贸易之所以长期存在，还有其他具体的"正面"因素。

首先是经济因素。使用奴隶的殖民地生产的农产品是商业体系中不可或缺的部分，而商业体系又是古老的大英帝国赖以生存的基础。只有将奴隶作为劳动力才能生产出农产品。一方面，任何一个时期劳作中的奴隶数量似乎是无法通过奴隶自身繁衍增加甚至保持的；另一方面，由于新的种植园不断被开发，偶尔有新的岛屿被征服，只有通过奴隶贸易才能保证必要的奴隶供应。1709年，伦敦印刷的一本叫《非洲奴隶贸易：美洲的英国种植园的重要支柱和支持》的小册子，就很能说明奴隶贸易的必要性。五十年后，另一本小册子宣称：奴隶贸易只有一个借口，即经济上的"必要性"。"西印度群岛是不能没有奴隶的，因此，运输奴隶的路线不会消失。"

其次是政治因素。和平时期，从事商业活动帮助英国海军人员训练航海能力；战争时期，从事商业活动成了英国海军人员寻找猎物的方式。有人认为，如果停止奴隶贸易，不仅会极大减少英国的海上商业活动，还会使其竞争对手的商业活动相应增加，尤其是英国在整个18世纪的宿敌法国。因此，英国放弃奴隶贸易将是非常愚蠢的举动，除非——这是一种几乎不可能的假设——所有其他参与国被说服采取相同的举动。此外，英国在政治上的考虑是，在西印度群岛的影响力在对法国的海上战争中具有重要战略意义。

再者，英国人从奴隶贸易中获取了巨额利润。退休的或在外的地主、银行家、抵押权人、从事甘蔗交易的商人组成了英国庞大、有权势的"既得利益者"群体。与东印度群岛"有权有势的英国人"一样，"西印度群岛的殖民者"也是英国政治和社会中有头有脸的人物，并且他们的名声没有那么糟糕。西印度群岛的殖民者"控制了许多商业城市。利物浦被认为是欧洲主要的运奴港口，它的欣欣向荣正是得益于奴隶贸易。早在1713年，布里斯托尔市市长就将奴隶贸易描述为"得到了我们人民的坚定支持"。1788年，奥尔德曼·索布里奇（Alderman Sawbridge）曾激动地断言，如果奴隶贸易遭到阻挠，伦敦就会被毁于一旦。不管怎么说，无数人直接或间接地从奴隶贸易带给英国的利润中分得了一杯羹，这也是我们不得不提到的一点。奴隶贸易的利润十分惊人。有人说奴隶贸易是"世界上最有利可图的贸易"，其平均利润率至少在百分之十五。如果某次海上航行顺风顺水，那么一艘贩奴船至少可以获得高达六万英镑的利润。有人计算过，即使成功完成海上冒险的概率只有三分之一，奴隶贸易的利润仍然十分可观。

以上列举的任何一个原因都足以说明，为什么历届英国政府和议会都支持奴隶制，为什么得到"阿西恩托"被认为是当时最伟大的外交胜利，为什么像查塔姆伯爵威廉·皮特（William Pitt）这样的战争大臣如此热衷于英国在西非建立殖民地，为什么乔治·罗德尼（George Rodney）和霍拉肖·纳尔逊（Horatio Nelson）等海军上将会强烈反对废奴运动。这些原因也能解释，为什么历届英国战争与殖民地大臣会给殖民地总督下达指示，反对任何当地势力插手奴隶贸易；为什么殖民地立法机构通过以征收进口关税的形式控制奴隶贸易的举措后，会被伦敦一次又一次地驳回。美国独立战争期间，人们会把奴隶贸易看成大英帝国暴政的典型代表，对其严厉谴责。在托马斯·杰斐逊（Thomas Jefferson）负责起草的第一版《独立宣言》中，英国国王乔治三世（George Ⅲ）因挑起了与没有冒犯过他人的非洲人的战争并将他们运来卖为奴隶而被指控有罪。然而，尽管有不少美国人，尤其是来自美国北方的人出于道德的原因支持限制奴隶贸易的做法，但真正让他们愈加警觉的是无序的黑人移民给小规模的白人群体带来了危险，比如，美国南方出现了奴隶起义，纽约甚至出现了"黑人阴谋"。当然，从种植园主的角度看，奴隶制的延续和奴隶贸易中不得不保留的部分对任何一个英国人都是"必需"的。托马斯·杰斐逊本人也承认，《独立宣言》前面提到的条文"之所以被删去，是因为要顺从南卡罗来纳和佐治亚的意愿。它们不仅从来没有尝试限制奴隶的输入，反而想要继续奴隶贸易。我认为，在一片谴责声中，我们北方的各兄弟州的立场不够强硬，因为尽管北方各兄弟州的奴隶很少，但大量奴隶被运到了别的地方"。然而，如果说殖民地限制奴隶贸易背后的动机好坏参半，那么大英帝国反对限制奴隶贸易的理由则简单明了。达特茅斯勋爵[①]（Lord Dartmouth）因为其对福音派的虔诚而饱受争议。简单地说，可以用威廉·库柏（William Cowper）的诗来形容他："一个戴着冠冕祈祷的人。"1774年，达特茅斯勋爵在担任奴隶贸易委员会主席（President of Board of Trade）期间曾这样说："我们不能允许各殖民地在任何程度上压制或打压对国家如此有利的交易。"

---

① 即威廉·莱格（William Legge, 1731—1801），英国政治家，1772年到1775年担任殖民地事务大臣。——编者注

第 2 章 废除大不列颠群岛的奴隶制

尽管奴隶制在民意的支持下得以继续存在，人们对奴隶制还是显示出了不同的态度：有人给予了全心全意的支持；有人则认为，即使奴隶制有存在的必要，也应当受到谴责；还有人积极发声抨击奴隶制，抗议其继续发展。在1673年发表的《基督教指南》中，以不信奉英国国教而闻名的理查德·巴克斯特（Richard Baxter）提出了自己的观点，认为可以接受严加管控之下的奴隶制，并声讨作为"人类公敌"的猎奴者。来自牛津大学的圣公会牧师摩根·戈德温（Morgan Godwyn）来到巴巴多斯岛后，在一篇于1680年发表的文章中揭露了种植园主是如何残酷对待奴隶的，还把奴隶贸易称为"不能原谅的暴行"。小说家阿弗拉·本（Aphra Benn）夫人曾住在苏里南，出版过一本叫《皇家奴隶奥鲁诺克》的书。此书由托马斯·萨瑟恩（Thomas Southerne）改编成戏剧，成为继《奥赛罗》（Othello）之后第一部以黑人男性为主角的英国文学作品。在《皇家奴隶奥鲁诺克》中，奴隶交易者和奴隶主的残暴与奴隶的品格高尚形成了鲜明对比。从那以后，布道者、哲学家、诗人和撰写小册子的人就不断地以各种形式谴责奴隶制。约翰·洛克（John Locke）的《论公民政府》首版发表于1689年，开篇是这样写的："奴隶制是一种既可恶又可悲的人类状态，它与我们民族的宽宏秉性与英勇气概完全相反。让人难以想象的是，一个'英国人'，更别说一个'绅士'——竟会替它辩护。"孟德斯鸠在1748年的论述中使用了更加尖刻的讽刺语调："我们无法将这些生物视为人类，因为如果承认了这一点，接下来我们就会怀疑自己不是基督教徒。"
丹尼尔·笛福（Daniel Defoe）在《风尚变革》（*Reformation of
Manners*）一书中毫不留情地抨击了奴隶贸易。詹姆斯·汤姆森
（James Thomson）、亚历山大·蒲柏（Alexander Pope）、理
查德·萨维奇（Richard Savage）和威廉·申斯通（William
Shenstone）都曾在诗歌中影射过奴役带来的痛苦。托马斯·海特
（Thomas Hayter）主教曾在1755年发表布道谴责奴隶贸易，比
他更加出名的威廉·沃伯顿（William Warburton）主教在1760年
布道时指出："每年，殖民者们从世界另一端的大陆偷盗大量人
口，以此供奉给自己伟大的偶像——利益之神。"他还直言不
讳地指出："臭名昭著的奴隶贸易直接违背了上帝和人类的法
则。"但这些只是个人观点流于表面的陈述罢了，并未付诸行
动。唯有贵格会信徒真正做到了言行一致地拒绝奴隶制。1671
年，贵格会创始人乔治·福克斯（George Fox）敦促巴巴多斯岛
的"教友们"善待奴隶，在奴隶"服侍自己数年后"给他们自
由，以此来减轻奴隶制的罪恶。1688年，宾夕法尼亚的日耳曼
敦的德意志贵格会教友提出了奴隶交易和奴隶占有涉及的道德问
题："那些偷抢人口的人与那些买卖人口的人难道不是一样的
吗？"在此期间，贵格会开始有所行动，通过劝诫、谴责和警告
的方式，让大部分英国贵格会教友及拥有奴隶或者与奴隶贸易有
关的殖民地，渐渐放弃了奴隶制和奴隶贸易。1774年通过的一
项法令规定，任何坚持参与奴隶贸易的贵格会教友将被逐出贵格

会。从1776年开始，任何拥有奴隶的贵格会教友必须解放奴隶。

在此期间，威廉·丹皮尔（William Dampier）、亚伯·塔斯曼（Abel Tasman）、乔治·安森（George Anson）、詹姆斯·库克（James Cook）等著名航海家陆续发现新世界，激起了英国和法国对未开化民族前所未有的兴趣。他们的旅行日志一发表便受到人们的热烈追捧，受欢迎程度几乎可与《鲁滨孙漂流记》相媲美。更多的人知道了白人通过奴隶贸易等途径与有色人种交往的历史。人道主义思想得以广泛传播，并且日益深入人心。人道主义思想通常带有浪漫主义和夸张的成分。"星期五"[①]的形象被搬到了现实生活中。上流社会对漂洋过海被带回来的土著人充满各种各样的想象。在让-雅克·卢梭的影响下，理想的"自然状态"的概念为人们所熟知。在彬彬有礼的上流社会，人们对"高贵的野蛮人"的概念津津乐道。这一概念认为，人的本性是善良的，正如每个文明人至少应享有自由一样。这场人道主义思想运动虽然存在诸多谬见，发展也不成熟，但标志着世界历史上一个新纪元的开端，其意义在于，即将在18世纪最后的二十五年登上历史舞台并在19世纪获得主导地位的思想中包含的内容并非只适用于欧洲人。"人类的权利"并不受肤色的限制。与白色人种一样，黑色人种、棕色人种和黄色人种在"人类的兄弟情谊"中占

---

① "星期五"源自小说《鲁滨孙漂流记》。他原本是个被其他部落俘虏的野人，后被鲁滨孙救了出来。——译者注

有一席之地。事实上，人道主义运动是革命运动的关键部分，并已超出了理论层面。与法国公民、波士顿的殖民者或布里斯托尔的暴动者极力主张自己的权利不同，在落后民族身上实现崇高的原则是一个更缓慢的过程。但不管怎么样，落后的民族遭受的不公正待遇会随着旧体制的消亡而不复存在。新时代产生了各种脍炙人口的说法——人"不可被剥夺的权利""自由、平等、博爱""激进改革"和"民主"，在此背景下，奴隶制的存在显得如此不协调。

　　当然，虽然今天的我们已经明白奴隶制注定会失败，但生活在18世纪后半期的人们并没有清楚地意识到这一点。新思想遭到了某些人的顽固抵制，有人甚至开始对此发起了一系列抨击。就这样，奴隶制一点一点地、一步一步地最终走向消亡。如果奴隶制仅仅在大西洋西岸出现，它也许还会存在更长的时间。种植园主在度假或者回归英国后早已习惯把家奴带在身边。奴隶制到底意味着什么？活生生的例子就真真切切地摆在英国人的眼前。有的奴隶逃跑后，有人便会满大街地四处搜寻他们的踪影。报纸会大肆宣传奴隶的拍卖。许多没有经历过殖民地生活磨炼的英国人觉得，在殖民地发生的一切在英国都是不应被允许的。英国的法律难道能容忍个人自由的首要原则在英国的土地上被完全蔑视吗？人们对这个问题一度无法给出肯定的答案。民事诉讼法院认定英国奴隶之所以为奴隶是因为他们是异教徒。不过，首席法官约翰·霍尔特（John Holt）认为："黑人来到英国后，就是自由人了。"至少对那些成为基督教徒的奴隶而言，按照法律规定，他们在英国不处于受奴役状态，也不能被强迫送回种植园。要让逃跑的奴隶受洗成为基督教徒并非难事。1729年，感到自己的地位受到威胁的"西印度群岛殖民者"向英国官方律政人员菲利普·约克（Philip Yorke）和查尔斯·塔尔博特（Charles Talbot）集体提出申诉。他们声称，在英国居住也好，受洗也好，都不能改变奴隶主对奴隶的"权利"，奴隶仍为奴隶主的"财产"，奴隶主可以"合法地将奴隶送回种植园"。1749年，大法官哈德威克伯爵（Earl of Hardwicke）宣布"西印度群岛殖民者"的申诉合法。奴隶制问题从此搁置下来，直到第一批"废奴主义者"进入人们的视线。

格伦维尔·夏普（Granville Sharp）生于1735年。他的父亲托马斯·夏普（Thomas Sharp）是诺森伯兰郡的副主教，爷爷约翰·夏普（John Sharp）是约克大主教。在兄弟姐妹中，只有大哥约翰·夏普（John Sharp）和二哥继承了长辈的衣钵，其中大哥接过了父亲的职位。在其余兄弟姐妹中，有两个哥哥和两个姐姐在伦敦定居。詹姆斯·夏普（James Sharp）靠着卖金属器具发家，成为伦敦有钱有势的商人。威廉·夏普（William Sharp）是一名外科医生，因为一次成功的手术受到褒奖，从此成为乔治三世的御医。但让"好心的夏普一家"在伦敦城声名鹊起的并非他们的商人身份或其他职业。一家人团结和睦，最强有力的纽带便是他们对音乐的热情。只要没有特殊情况，他们每个晚上都会聚在一起小酌几杯，共同练习演奏乐器。威廉·夏普演奏管风琴和法国圆号，詹姆斯·夏普演奏"蛇状管"，大哥约翰·夏普（如果在城里）拉大提琴，格伦维尔·夏普（他在自己的印章上刻着音阶G#）演奏长笛和双簧管。据说，几个姐妹演奏的是钢琴或小型拨弦琴。所有人"一见面"便开始唱起歌来。星期日，如果有朋友来访，他们便会用合唱或管弦乐队演奏的方式表演教堂音乐。他们最喜欢乔治·弗雷德里克·亨德尔（George Frideric Handel）的音乐，结束曲目通常是"哈利路亚合唱"。夏普一家的座上宾常常是上流社会的名流，他们中有弗雷德里克·诺思（Frederick North）勋爵、桑威奇伯爵[①]（Earl of Sandwich）、帕斯奎尔·保利（Pasquale Paoli）将军、奥利弗·戈德史密斯（Oliver Goldsmith）、大卫·加里克（David Garrick）、伊丽莎白·谢里登（Elizabeth Sheridan）夫人。醉心于将音乐和旅行的乐趣结合起来的威廉·夏普设计了一种类似于驳船的船屋，取名为"阿波罗"。一家人带着乐器，沿着泰晤士河和伦敦附近的其他水道开始音乐之旅，音乐声在草地上荡漾。1770年，他们乘船经过温莎城堡。在事先没有告诉乔治三世的情况下，他们在河边的一棵大树下给国王举行了一个半小时的音乐会。

在这样一个思想独特的家庭里，十四个孩子中排行十二，从

---

① 即约翰·蒙塔古（John Montagu, 1744—1814），英国贵族，保守派政治家。——编者注

第2章 废除大不列颠群岛的奴隶制

小被叫作"小格尼"的格伦维尔·夏普非常有头脑。由于成为神职人员的教育成本太大，他不得不中途放弃。在达勒姆文法学校接受了短暂学习后，格伦维尔·夏普被送到伦敦当学徒，后来成了一名亚麻布商。在一连换了三个师傅后，他完成了七年的学徒期，进入了一家制造厂工作，可工厂很快就倒闭了。之后，他决定不再给布匹商当学徒，而是在位于伦敦塔的军械局接受了一份没什么油水的安稳差事，成了一个默默无闻的初级公务员。从商也好，当小职员也罢，都没能让他有太多施展才能或提高品位的空间。只有在闲暇之余看书、写作，与友人讨论，特别是与家人讨论时，他才是真正过着属于自己的生活。格伦维尔·夏普继承了家人的古怪特点，很早便以极大的热情和独特的想法解释了《但以理书》和《启示录》中的预言，这成为他毕生的爱好，甚至在晚年时成了一种执念。格伦维尔·夏普的与众不同还表现在，他相信"十户联保制"这一古代制度。他笃定地认为，"十户联保制"发源于摩西时代，一旦在英国重新焕发生机，将成为地方自治和国防的理想制度。与其认为格伦维尔·夏普思想乖张，不如说他是一个真正聪明、幽默的人。与其他兴趣和活动的主题相比，他在其中展现出的孜孜不倦、敢为人先的精神才是真正难得的。他会突然心血来潮，开始一个新任务。哪怕任务再难，也相信自己能轻松驾驭。在和格伦维尔·夏普一同学习的学徒中，一个索齐尼派教徒和一个犹太教徒对《圣经》的希腊语文本和希伯来语文本产生了不同看法，由此展开了神学方面的辩论。当时不满二十岁的格伦维尔·夏普无法判定两人的看法孰对孰错，于是通过自学掌握了希腊语和希伯来语。之后，他发表了一系列学术论文，研究希腊语版《新约》中定冠词的使用、《以斯拉与尼希米记》中地道的希伯来语及其语法和发音。他对这两门语言的精通可见一斑。格伦维尔·夏普还在当学徒时，发现自己的第二个师傅威洛比·德·佩勒姆（Willoughby de Perham）可以继承男爵爵位，便立即对他的身世展开了细致研究，最终将受人尊敬的威洛比·德·佩勒姆直接送上了上议院的席位。不管手头有什么样的任务，都难不倒格伦维尔·夏普这个聪明的年轻人。

1765年的一天，格伦维尔·夏普正从哥哥威廉·夏普在明辛街的诊所里走出来，在门口等待免费治疗的穷苦人中的一个黑人引起了他的注意。这个黑人看上去"极度痛苦"。于是，格伦维尔·夏普折回去问哥哥威廉·夏普关于他的情况。原来黑人叫乔纳森·斯特朗（Jonathan Strong），主人叫大卫·利勒（David Lisle），是个来自巴巴多斯岛的律师。大卫·利勒性情暴躁，经常拿鞭子狠狠抽打斯特朗，打得他几乎不能走路，还用一支手枪击打他的头部，使他几近失明。大卫·利勒见他已没有了使用价值，便将他赶到大街上。威廉·夏普和格伦维尔·夏普兄弟二人竭尽所能帮助斯特朗，想办法让他住进了圣巴塞洛缪医院。经过四个月的治疗，斯特朗出院了。兄弟二人又承担起照料他的任务，一直到他恢复得差不多了，便给他找了一份在芬丘奇街的一家药店跑差的活儿。斯特朗的故事本该就此画上句号。格伦维尔·夏普并没有因此事而动摇对由来已久的奴隶制的信念，仅仅是把帮助斯特朗当成一次私下的善举罢了。很快，格伦维尔·夏普便将整件事抛在脑后，甚至连这个奴隶姓甚名谁都不记得了。1767年，大卫·利勒在街上偶遇了斯特朗，尾随他去了那家药店。在观察到自己的"财产"已经恢复了价值后，大卫·利勒以三十英镑的价格将斯特朗卖给了一个叫詹姆斯·克尔（James Kerr）的牙买加种植园主。詹姆斯·克尔生怕买卖出什么纰漏，便绑架了斯特朗，把他交给了在家禽角监狱的狱卒看管，等着下一艘去西印度群岛的贩奴船开船。惊恐万分的斯特朗知道等待自己的将是什么，于是辗转给格伦维尔·夏普发去了求救信。格伦维尔·夏普立即去找在伦敦有名望的哥哥詹姆斯·夏普。在咨询过哥哥的意见后，兄弟二人一道去了监狱。听完了浑身颤抖的斯特朗讲述的经历，格伦维尔·夏普警告狱卒不要在没有逮捕令的情况下关押犯人。他又找到伦敦市长罗伯特·凯特（Robert Kite）爵士，说如果有任何人提出斯特朗是自己的财产，立刻将此人带来。

没过多久，詹姆斯·克尔的辩护律师威廉·麦克比恩（William Macbean）和准备将斯特朗运到牙买加的大卫·莱尔德（David Laird）船长找到罗伯特·凯特爵士，向他出示了贩卖单，提出要将斯特朗带走。凯特爵士坚持说，不管是奴隶还是自由人，只要未受有罪指控，都不得被关押。随后，凯特爵士释放了斯特朗。然而，莱尔德船长在法庭外抓着斯特朗不放。在一位善意的律师提醒下，格伦维尔·夏普威胁莱尔德船长说，要是他不松手，将以袭击罪对他提出指控。莱尔德船长这才撒了手。斯特朗自由了。

大卫·利勒和詹姆斯·克尔认为正是这个好事者断了奴隶主的传统财路，决定先灭了他的威风，再来处理斯特朗的事。在咨询过律师后，两人提出了两百英镑的赔偿诉讼。格伦维尔·夏普的律师们劝他不要应战，并向他表明了检察长菲利普·约克和副检察长查尔斯·塔尔博特的意见，还告诉他，贵为首席法官的曼斯菲尔德勋爵[①]（Lord Mansfield）不止一次在王座法庭上强调过两人的意见。格伦维尔·夏普的律师们还说，解决争端的最好方式是寻求法庭外和解，让那个黑人自生自灭好了，但格伦维尔·夏普的满腔斗志已经被激起来了。除了要研究威洛比·德·佩勒姆的贵族身份而涉猎的部分法律知识，他对其他法律知识一无所知。但那又如何？格伦维尔·夏普冷静地告诉自己的律师们，"不相信英国的法律会如此罔顾人生来就有的权利，而这些权利是一个又一个杰出的律师出于政治原因欣然维护的"。格伦维尔·夏普不会像律师们一样"屈服于"所谓的"观点"，他会研究法律书籍，准备组织辩护语言。格伦维尔·夏普

---

① 即威廉·默里（William Murray，1705—1793），英国政治家、法学家和律师。——编者注

的确是这么做的。他在晦涩难懂的法律专业名词方面投入大量精力和时间，甚至连来自大卫·利勒凶狠的决斗挑战都没有动摇他的决心。在接下来的两年时间里，格伦维尔·夏普潜心研读法律书籍，终于写出了一部长篇备忘录，重申了另一位首席法官约翰·霍尔特的意见，并通过阐述农奴土地保有和普通法中的原则来支持约翰·霍尔特的意见。他将备忘录提交给法学家威廉·布莱克斯通（William Blackstone）博士。威廉·布莱克斯通博士曾在其著名的《英国法释义》中引用过约翰·霍尔特的观点。威廉·布莱克斯通当然知道曼斯菲尔德勋爵的观点是什么，有意将可能引发不安的篇章从这本备忘录的最新版本中略去。威廉·布莱克斯通一开始并未质疑格伦维尔·夏普的案子，只是警告格伦维尔·夏普说："这将是王座法庭十分棘手的案件。"虽然威廉·布莱克斯通博士接受了副检察长和伦敦司法官的聘请，共同为格伦维尔·夏普辩护，可他和同事们在接受正式咨询的过程中仍一致认为，这个案子没有打赢的希望。不过，从某种意义上来说，格伦维尔·夏普还是赢了官司。他叫人印了二十份备忘录，把它们送给有名望的律师，在整个法律界掀起了轩然大波。大卫·利勒和詹姆斯·克尔的律师们不敢再继续诉讼，还因撤案缴纳了三倍罚金。1769年，格伦维尔·夏普发表了叫《英国奴隶制的不公正和对其容忍的危险趋势》的备忘录，并在开篇部分附了一段特别声明。格伦维尔·夏普警告大卫·利勒和詹姆斯·克尔等人，自己无意采取针对他们的行动，真正受到威胁的是他们的自由，而非斯特朗的自由，因为他们违反的是"理查二世（Richard II）在位期间颁布的《圣职授职法令》和《王权侵害罪法令》"。

格伦维尔·夏普对取得的胜利并不满足，法律规定仍可能被更改。他下定决心排除万难，让法庭接受由他坚持的法律规定，以最终在英国废除奴隶制。他并不在意来自强势的"西印度群岛殖民者"的强烈反对，因为他知道，社会或政治的影响力不会撼动英国法律的一贯传统，主要阻力来自首席法官的态度。曼斯菲尔德勋爵已经读过格伦维尔·夏普的备忘录。他隐约感到不安，因为此书的内容可能具备法律依据。如果与这样一个严肃问题有关的法律依据将通过审判的方式固定下来，这种做法带来的后果未免让曼斯菲尔德勋爵感到沮丧。一个名不见经传的外行彻底扭转了来自最高法院和他的法律意见，这不仅让曼斯菲尔德勋爵颜面尽失，而且是他万万没想到的。在认定得到了来自最高法院意见的支持后，几百名种植园主将手中的奴隶带到了英格兰。英国当时的奴隶总数在一万四千人至一万五千人之间。偏向格伦维尔·夏普的判决将意味着奴隶主一次性被剥夺了价值约七十万英镑的财产，而解放了的奴隶们从此无依无靠，只能靠着善款维持生计。一边是格伦维尔·夏普急着要将审判类似案件的做法沿袭下来，一边是曼斯菲尔德勋爵急着加以阻止。首席法官和初级公务员之间的一场类似于决斗的争斗开始了。要想赢得胜利，格伦维尔·夏普需要的是另一个乔纳森·斯特朗案。1770年的某一天，格伦维尔·夏普的机会终于到了。一个叫托马斯·路易斯（Thomas Lewis）的奴隶在逃跑后被主人罗伯特·斯塔皮通（Robert Stapylton）抓了回去，被强行带上了开往牙买加的贩奴船。格伦维尔·夏普还没来得及出手，船就已经驶离了伦敦。他没有罢休，用一纸人身保护令在普利茅斯将船拦了下来。当托马斯·路易斯和罗伯特·斯塔皮通现身于王座法庭时，格伦维尔·夏普似乎已经胜利在望。不过，曼斯菲尔德勋爵是不会轻易服输的，他声称只有证明托马斯·路易斯的确是罗伯特·斯塔皮通的财产，自己才会考虑其他问题。陪审团的判决结果为：托马斯·路易斯不是罗伯特·斯塔皮通的财产。在诉讼记录的最后，曼斯菲尔德勋爵对托马斯·路易斯的辉格党（Whig）杰出辩护律师约翰·邓宁（John Dunning）提出了警告。显然，格伦维尔·夏普才是曼斯菲尔德勋爵真正要警告的人。

我不知道奴隶主因为偶然将奴隶带到英国而失去财产会产生什么样的后果。我希望这一话题永远没有被讨论的那一天，因为我会让所有奴隶主都认为奴隶得到了自由，而所有黑人都认为自己没有得到自由，好让对方更守规矩。

在接下来的两年中，对于是否解放奴隶这样严肃的问题仍然无法解决。在这样的情况下，又有三名奴隶被解救。1772年，曼斯菲尔德勋爵终于被逼入绝境。詹姆斯·萨默塞特（James Somerset）被奴隶主查尔斯·斯图尔特（Charles Stewart）从弗吉尼亚带到英国，逃跑后被抓了回去，被送上了开往牙买加的贩奴船。萨默塞特案和路易斯案大体相同，但萨默塞特是斯图尔特的财产，这是确凿无疑的。格伦维尔·夏普发起的运动本已让"西印度群岛殖民者"十分不安，现在他又急于将他们的权利中尚未确定的部分一锤定音，这让他们焦虑万分。他们凑了一笔打官司的钱，并争取到了约翰·邓宁的支持。然而，无论有人如何唇枪舌剑地为曼斯菲尔德勋爵原来的观点辩护，曼斯菲尔德勋爵现在终于相信，自己原来的观点是错误的。他现在能做的就是尽可能不用亲口承认自己的错误。他两次休庭，一再主张放弃詹姆斯·萨默塞特的案子，还向各方严正警告固执己见可能带来的后果。他向查尔斯·斯图尔特提出释放詹姆斯·萨默塞特以解决争端，敦促双方达成庭外和解，并建议最好的解决办法是要求议会立法。

> 如果各方要达成一致，我们必须给出看法。要得出结论，靠的不是对一方的同情，也不是因为会对另一方带来不便的考虑，而是法律的力量……纵使天崩地裂，亦要伸张正义。

然而，曼斯菲尔德勋爵的努力终究是白费了。群情激愤的人们挤满了法庭，他们的呼声十分响亮。法官不得不就案件做出最终判决。1772年6月22日，曼斯菲尔德勋爵宣读了判决内容。"当事人声称的权利从未在法庭中使用过，也未曾被法律承认……奴隶制状态……令人憎恶，除了明确的法律规定，断无支撑其存在的理由。即使此判决生效后会产生诸多不便，我认为英格兰法律既不会允许也不会同意维持现状。基于此，黑人必须得以释放。"

这一判决虽然只涉及强制性保留某个奴隶的问题，但人人都能读出它的言下之意，那就是某个奴隶主的"权利"适用于所有奴隶主。从此，英格兰的所有奴隶无论是否愿意继续留在原来的主人身边干活，均被认可拥有了自由身份。本判决也自动适用于爱尔兰。1778年，苏格兰发生的一起关于约瑟夫·奈特（Joseph Knight）的类似案件产生了同样的判决。苏格兰的法官考虑的范围更广，认为奴隶主的支配权利总的来说是没有法律依据的。

可以说，大不列颠群岛上奴隶制的废除几乎是格伦维尔·夏普用一己之力完成的，但他的贡献还远非如此。詹姆斯·萨默塞特案标志着奴隶制在整个大英帝国开始走向结束。道德标准是法律裁决背后的考虑因素。即使大西洋另一端的形势与英国千差万别，新的观点层出不穷，仍然有越来越多的英国人开始认为，只有不合常理的道德感才会使英国人因奴隶制如此"令人憎恶"而剥夺其在英国的合法地位的同时容忍英国海外殖民地的奴隶制。在英国的海外殖民地，大量奴隶遭受更加非人的对待。格伦维尔·夏普实际上发起了一场持续的运动，虽然步伐偶尔缓慢，但仍以不可阻挡之势向前发展，直到1833年取得最后的胜利。

CHAPTER III

第 3 章

解放奴隶者

詹姆斯·萨默塞特案开启了人们针对奴隶制的新一轮抨击，其中便包括那个年代两个伟大的人物。1774年，福音派宗教运动发展正如火如荼之时，约翰·韦斯利（John Wesley）出版了《关于奴隶制的思考》一书。另一名宗教改革领袖乔治·怀特菲尔德（George Whitefield）于1770年去世，生前曾致力于推动佐治亚的经济繁荣，笃信"没有了黑奴，热带国家将无法开垦土地"。佐治亚曾禁止雇用奴隶，后来撤销了禁令。1751年，乔治·怀特菲尔德对这一决定大加赞赏。然而，在仔细研究了奴隶贸易的历史并密切关注詹姆斯·萨默塞特案引发的各种声音后，约翰·韦斯利认为任何物质方面的考虑都不能为奴隶制的不公和残忍正名。他热忱地呼吁奴隶交易者和奴隶主审视自己的良知，不要再让无辜的人白白死亡。亚当·斯密的抨击却有着截然不同的方式和目标。1776年，他发表了《国富论》。在几个略显枯燥的句子中，他以奴隶制没有获得经济效益为论据抨击了奴隶制的经济根源："从一切时代和一切国民的经验来看，由自由人完成的工作归根结底要比由奴隶完成的工作更便宜。"他还用大量确凿的事实来提醒人们要问心无愧，不要失掉判断力。威廉·罗伯逊（William Robertson）的《美国史》于1777年问世，很受读者欢迎。书中描述了南美洲黑人奴隶制的发展。阿贝·雷纳尔（Abbé Raynal）的《印度群岛史》细致、生动地讲述了奴隶制的发展。此书的数个英译本于1776年至1783年相继出版。除了上述名作，还出现了许多非主流的史料。受过教育的英国人由此加深了对奴隶制的认知，他们中的大部分人越发反感奴隶制。反感奴隶制的人绝不限于社会理想主义者或宗教"狂热分子"。塞缪尔·约翰逊（Samuel Johnson）博士是反感奴隶制的人中最典型的传统托利党（Tory）代表。没有人像他一样对奴隶制如此深恶痛绝。他十分关注约瑟夫·奈特案的进展，以"没有人生来是他人财产"为出发点，与持不同见解的詹姆斯·博斯韦尔（James Boswell）对峙，并提出了自己对本案的观点。他在《征税非苛政》一书中发出诘问："为何我们听到的争取自由的最响亮的呐喊来自催促黑奴干活的监工？"詹姆斯·博斯韦尔记录道："有一次，在与牛津大学的几个严肃的老学究共聚一堂时，他提议'为西印度群岛的下一场黑奴起义干杯'。"

　　言传不如身教。正如大卫·利勒的行为直接导致了詹姆斯·萨默塞特案的判决一样，1781年发生的一起骇人事件对民意的影响远胜于任何当时的宣传和教育。一艘叫"宗格"号的贩奴船从西非开往牙买加的途中，一场疾病在船上的四百名奴隶中爆发了。眼看死亡的奴隶越来越多，再这么下去很快就要超过正常的死亡率，觉得大事不妙的船长卢克·柯林伍德

（Luke Collingwood）想起保险单中有一则条款规定，保险公司负责承担货物的任何损失，于是他干起了丢卒保车的损招，编了个船上缺水的借口，下令将一百三十二名病恹恹的奴隶扔进大海。不久，这起事件引发的案子在伦敦进行了审判，但法官并未以谋杀罪定性此案，只简单考虑扔弃奴隶的行为是否出于无奈及谁应因此予以赔偿。副检察长约翰·李（John Lee）在听完船主们的简单陈述后说："我不认为他们犯下了残忍的罪行，但可以肯定的是，这是失当行为！"曼斯菲尔德勋爵给出了如下评论："虽然本案令人震惊，但毫无疑问，扔弃奴隶与将马扔下船的行为无异。"虽然这样的评论的确令人震惊，但判决无法驳回已是不争的事实。格伦维尔·夏普当然一直密切关注这起案子的进展。1783年，他向英国海军部和当时的福克斯–诺思联盟负责人波特兰公爵[①]（Duke of Portland）提交了一份关于本案的全面报告，提出启动审判程序，将当事人以谋杀罪治罪。但这次，格伦维尔·夏普无法违背现有的法律解释。补救事态的唯一希望是制订新法律。然而，无论是英国政府还是议会都没有制订法律的打算。

美国独立战争对奴隶制的发展产生了直接影响。1783年的《巴黎条约》中规定，十三个叛乱的殖民地从原来的殖民地国

---

① 即威廉·卡文迪什–本廷克（William Cavendish-Bentinck，1738—1809），英国政治家，曾任牛津大学校长（1792—1809），两次担任首相，一次是1783年，另一次是1792年到1809年。——编者注

家分离出去，这意味着奴隶制的一部分已经完全从大英帝国脱离：约六十万名奴隶的主人不再宣誓效忠乔治三世。这些奴隶主中的绝大部分是美国南方的种植园主。早已与英国分道扬镳的美国北方对奴隶制的看法和情感则截然不同。反对奴隶制的思想在这里逐渐发展起来并且日益深入人心。美国的贵格会教友的观点与英国的贵格会教友始终保持着同步。加入了教友派的安东尼·贝尼泽特（Anthony Benezet, 1713—1784）是被放逐的胡格诺派教徒，负责费城当地的教友派学校，积极谴责奴隶制及奴隶贸易。他发表了几本相关主题的小册子，与来自大西洋彼岸的格伦维尔·夏普、约翰·韦斯利和阿贝·雷纳尔等同仁通信交流看法。1788年，即将不久于人世的安东尼·贝尼泽特写信给"大不列颠王后梅克伦堡-施特雷利茨的夏洛特"（Charlotte of Mecklenburg-Strelitz），恳请她对"正遭受极不公正和悲惨压迫的芸芸众生的苦难"有怜悯之心。在宗教圈之外，对奴隶制展开的最具影响力的抨击当数托马斯·潘恩（Thomas Paine）1775年发表于费城的《美洲的非洲奴隶制》。在这篇言简意赅、观点犀利的文章中，托马斯·潘恩难得在奴隶制问题上与塞缪尔·约翰逊博士观点一致。托马斯·潘恩认为，"在拥有几十万名甚至上百万名奴隶的同时，美洲民众对奴役奴隶的行为提出如此严厉批评的做法既无道理，也不体面"。在文章发表后的一个月后，首个美洲废奴协会在费城成立。1776年，革命会议通过决议："十三个联合殖民地不得输入任何奴隶。"到了1778年，罗

德岛、康涅狄格、宾夕法尼亚、特拉华和弗吉尼亚都通过了禁止
奴隶输入本土的法律。但1783年，新英格兰（New England）和
美国中部各州的公民仍然可以合法地参与向美国南方各州的种植
园输入奴隶的过程。美国南方各州的奴隶制和西印度群岛的奴隶
制一样根深蒂固。八十年后，奴隶制在美国南方各州的根基依旧
牢不可破。奴隶制的践行者非但不能容许奴隶制的瓦解，反倒准
备掀起第二场可能会使共和制的美国走向分裂的南北战争，正如
第一场脱离大英帝国的战争使大英帝国走向分裂一样。显然，随
着一群思想顽固的奴隶主于1783年脱离英国国籍，英国废奴运
动人士的负担在很大程度上得以减轻。我们之后将看到，要战胜
西印度群岛的"利益群体"的反对废除奴隶贸易的力量有多么困
难。如果美国"南方"代表与西印度群岛代表并肩作战，其困难
程度更是可想而知。我们几乎可以肯定，如果美国独立战争没有
发生，英国奴隶贸易的废除时间会比原来要晚。我们不妨猜想一
下，如果英国议会坚持废除奴隶制会发生什么——比起出台各种
《印花税法案》和茶税，此举是对殖民地自由更加大胆的干涉。

美国独立战争还从另一个方面对英国的废奴运动的发展方
向产生了影响。在失去了十三个殖民地后，英国的政治家不得不
思索如何重组帝国"剩下的部分"。举个例子来说，北美殖民
地的独立使大英帝国的商业重心从西半球转向东半球。英国人认
为，印度相对更好的治理会带来更繁荣的贸易。但我们必须将道

德因素一并考虑进来。在这一时期，埃德蒙·伯克①正大力抨击印度社会的弊病。他还因宣称英国在印度的统治本质上是一种为印度人谋求福祉的"信任"关系而被世人铭记。沃伦·黑斯廷斯②也在同一时期遭受弹劾。小威廉·皮特③（William Pitt Younger）毫不遮掩地说，自己推行的伟大的《皮特印度法案》目的之一是使英国与印度的关系"给本土的印度人带来上帝的恩宠"。从今往后，人们普遍认为，从理论上来说，与落后地区人民的商业往来是一种道义责任。虽然这种想法实际上并不是一成不变的，但人道主义精神已经渗透到英国的政治中。

在印度，虽然关于改革的物质和道德方面的讨论已经取得了一致的声音，但在西印度群岛，两者并不统一。失去北美殖民地后，"甘蔗种植园岛屿"的经济价值进一步突显，英国想要获得更多甘蔗种植园岛屿的愿望越发强烈，从它与法国的战争行

---

① 埃德蒙·伯克（Edmund Burke，1729—1797），爱尔兰裔的英国政治家、作家、演说家、政治理论家和哲学家。他曾在英国下议院担任辉格党议员。他反对英王乔治三世和英国政府，支持英属北美十三殖民地独立，猛烈批判法国大革命。——译者注

② 沃伦·黑斯廷斯（Warren Hastings，1732—1818），英国殖民地官员，长年在印度各地任职，1773年至1785年担任首任印度总督。他卸任返回英国后，被指控在印度任职期间管治失当，并卷入贪腐丑闻，面临议会弹劾。议会对他的弹劾在1787年展开，经过断断续续的聆讯，1795年才审结，最终被裁定指控不成立。1814年，他担任枢密院顾问官。——译者注

③ 这里是指出生于1759的威廉·皮特，通常称为小威廉·皮特。小威廉·皮特的父亲出生于1708年，也就是上文提到的查塔姆伯爵，通常称为"老威廉·皮特"。——译者注

为中就可以看出。白人与黑人之间的关系不仅没有任何变化，并且如果从经济的角度考虑，维护奴隶制反而被看作是比以往更加"必要"的。英国在海上的首要任务是谨慎地使用国力。即使遇到失败，英国人关于海上商业价值的传统观点依然坚不可摧。从美国独立战争伊始直到结束，上流社会的政治圈里都没有出现过任何关于奴隶制的传统观念受到削弱的迹象。1776年，来自赫尔的议员大卫·哈特利（David Hartley）提出了反对奴隶贸易的动议，并得到了来自约克郡的议员乔治·萨维尔（George Saville）爵士的赞同，但下议院直接摒弃了这一动议。1783年，贵格会教友呈交了废除奴隶贸易的请愿书。弗雷德里克·诺思勋爵称赞了贵格会教友体现出的人道主义精神，但同时认为："不过，要废除奴隶贸易恐怕是不可能的……因为从某种方面来说，它对欧洲几乎每个国家都是必不可少的；要劝说全体欧洲人放弃奴隶贸易同样几乎没有可能，因此，请愿者充满人性光辉的愿望恐怕难以实现。"

在一个又一个事件的驱使下，基于物质考虑赞成奴隶贸易的观点日益深入人心，但基于道德考虑反对奴隶贸易的声音也越来越壮大。人们开始认识到，怜悯之心不能只局限于对某个种族或国家。在激起了对亚洲人的良知的同时，人们既不能对非洲人的要求视而不见，也不能否认摆在面前的事实。由于多年的管理不善，孟加拉人深受其害，可是和黑奴世世代代、年复一年遭受的由奴隶制和奴隶贸易带来的苦痛相比，这根本算不了什么。当有人在为前者努力发声时，像埃德蒙·伯克、查尔斯·詹姆斯·福克斯（Charles James Fox）和小威廉·皮特这样的人难道会忘记为后者大声疾呼吗？政治圈之外的人们产生了一种心理上的冲动，这是奴隶制不得不面对的问题。许多英国人不仅认为美国独立战争是个错误，还将其视为一种罪行。格伦维尔·夏普宁愿辞去在伦敦塔军械局的工作，也不愿意参与任何杀害同胞的行动。杀害同胞的罪行已经遭到报应。那些虔诚的宗教人士，尤其是福音派认为美国独立战争是国家的罪过而良心不安。在所有国家犯下的罪行中，奴隶制显然是最坏的那一类，因为它完全违背了基督教原则。1785年，一位理智的宗教人士威廉·佩利（William Paley）博士发表了《道德原则》。他在书中含沙射影地指出，英国的十三个殖民地州之所以脱离英国，也许是因为上帝要结束奴隶制。

　　既然竞争和相伴而生的热情已经不复存在，接下来我们也许应该好好思索，长久以来向一个写满人类痛苦的制度给予帮助的立法机关是否还值得受到大英帝国的信任。

　　美国独立战争结束后，人类价值的复兴、帝国的重建、慈善理念向政治的渗透、肩负对国家道义责任意识的不断增强，这些就是针对英国奴隶制发起的首次集体抨击所产生的时代背景。

第3章 解放奴隶者

　　贵格会教友又一次走在了斗争的最前沿。1783年，威廉·迪尔温（William Dillwyn）、乔治·哈里森（George Harrison）、塞缪尔·霍尔（Samuel Hoare）、托马斯·诺尔斯（Thomas Knowles）、约翰·劳埃德（John Lloyd）和约瑟夫·伍兹（Joseph Woods）等六人组成了常设委员会。他们"为了西印度群岛的黑奴的解脱与解放，以及遏制非洲海岸奴隶贸易的发展"，凭借个人影响力和出版书籍及在报上载文，将废奴工作持续推进。1784年，常设委员会与"受难者会议"[①]合作，着手出版一本题为《受压迫的人类同胞——非洲人处境》的小册子，准备将它送到每个议员和贵族手中。1785年，安东尼·贝尼泽特撰写的关于英国殖民地的奴隶待遇问题的文章同样在政界和公立学校内部流传开来。以个人名义抨击奴隶制的人开始以贵格会为核心逐渐聚集起来，格伦维尔·夏普自然是领头人之一。自从詹姆斯·萨默塞特案以来，格伦维尔·夏普一直与主教们保持着联系。大部分主教向他保证，会同情奴隶。有的主教还表示，会积极支持反奴隶贸易的斗争。另一位加入队伍的是牧师詹姆斯·拉姆齐（James Ramsay）。他曾在圣克里斯托弗岛[②]任职十九年，现住在肯特郡。他利用闲暇的时光撰写了一系列小册

---

① "受难者会议"始于1675年，该机构代表大不列颠贵格和王室属地行事。——译者注
② 圣克里斯托弗岛，又被称作圣基茨岛，是位于加勒比海的一座岛屿，东岸面临大西洋。——译者注

子，客观、直言不讳地描述并谴责了西印度群岛的奴隶制。托马斯·克拉克森（Thomas Clarkson）也在尽一切可能维护反奴隶贸易斗争取得的胜利。他是威斯贝奇文法学校的神职人员，也是校长约翰·克拉克森（John Clarkson）的儿子，曾在伦敦的圣保罗学校求学。在圣保罗学校，托马斯·克拉克森得到了一次展示自我的机会，使他有机会继续去剑桥大学深造。1785年，他的一篇主题为"让人们被迫成为奴隶是正确的吗"的拉丁语论文获得了学校奖励。在撰写的过程中，他搜集了手边关于奴隶贸易的各种资料。在上议院宣读了这篇论文后，他坐马车返回伦敦的家里。一路上，奴隶贸易的话题在他的脑海里挥之不去。

　　一路上，我的思想不断受到触动。有时，我干脆让马车停下来，自己走路。每当这时，我就会一直试图说服自己，我论文里所写的不可能是真实的。然而，我越是想着里面的内容，越是想着论文来源是否可信，我就越认为这些内容是了不起的。此时，赫特福德郡的瓦德斯米尔映入了眼帘。我一手牵着马，郁郁寡欢地坐在路边的草地上。我的脑子里突然蹦出一个想法，如果论文里的内容都是真实的，那么这些苦难到了该结束的时候了。

　　在托马斯·克拉克森准备出版论文的英语版本的过程中，

这种想法越来越强烈。遇到威廉·迪尔温、格伦维尔·夏普和詹姆斯·拉姆齐后不久，托马斯·克拉克森就做出了与他们合作的决定，并决心放弃牧师的老本行，毕生致力于废奴事业。他的决定无疑是高尚的。与某些牧师不同的是，他乐善好施，因而生活贫苦，生计几乎难以维持。托马斯·克拉克森的决定也是历史性的。如果没有他坚持不懈的热情和勤勉、对奴隶制的研究、遍及全国的宣传及很快得到的声望和权威，那么对英国奴隶制的抨击不会如此迅速、全面地完成既定目标。

积蓄废奴力量的时机已经成熟。1787年5月22日，一个由十二人组成的包括贵格会委员会成员（托马斯·诺尔斯除外）和托马斯·克拉克森在内的协会①成立了，由格伦维尔·夏普担任主席。协会宣布，其成立的目的是获得并公开"可能有助于废除奴隶贸易的信息"。仅仅这一个目的就需要大量的人力与财力支持。要像议会委员会曾经针对孟加拉问题写下的冗长、详细的报告一样，将关于奴隶贸易的事实陈述出来并阐述清楚，还只是废奴运动中相对容易应对的部分。真正困难的部分在于得到议会的支持。奴隶贸易本身并没有触犯法律，只有通过新立法才能废除。1787年，要说服议会考虑出台废奴法案几乎是不可能完成的任务。1776年，还没有任何一个议员表示支持大卫·哈特利和乔治·萨维尔；1783年，也没有一个议员反对过弗雷德里

---

① 即后文中提到的奴隶贸易废除协会。——译者注

克·诺思勋爵的主张。1785年，安·波利特（Ann Poulet）和亚历山大·胡德（Alexander Hood）两位议员代表布里奇沃特居民再次提交反对奴隶贸易的请愿书后，向自己的选民报告称："他们看上去对此提不起丝毫兴趣。"为什么会这样？议会并非总会将关乎道德的请愿拒之门外。在展开关于《皮特印度法案》的辩论后不久，议会又出现了弹劾沃伦·黑斯廷斯的辩论，这表明托利党和辉格党及左右席位上的前座议员[1]都怀有仁爱之心。为什么埃德蒙·伯克、查尔斯·詹姆斯·福克斯和小威廉·皮特对印度事务积极发声，却对非洲事务缄口不语？埃德蒙·伯克的做法便能说明问题。他一定感到奴隶制的不公正，才会在1780年亲自起草了一项改善奴隶待遇的法案，其中包括增强奴隶的道德感与心智发展的规定，好为一劳永逸地废除奴隶制和奴隶贸易铺平道路。然而，他并没有将起草的法案公之于众——至少在整整十二年的时间里没有这样做。埃德蒙·伯克对迟迟不公开法案给出的理由，或者说借口是"废除奴隶贸易"在1780年"简直是异想天开"。简单地说，1780年废除奴隶贸易是根本不可能实现的。即使是在社会风气更加自由的1787年也绝无可能。也就是说，哪怕是再显要的政治家，一旦表示支持废除奴隶贸易，不仅仕途受挫，连所在的政党前景也会黯淡无光。无论是托利党还是辉格

---

[1] 顾名思义，前座议员是指坐在上下议院前排的议员，包括内阁成员与影子内阁成员。前座议会席位又称内阁阁员席。——译者注

第3章 解放奴隶者

党，所有商业、金融和政治的利益攸关者虽然不反对改善印度治理的举措，但有可能会强烈抵制针对奴隶制的抨击。要是埃德蒙·伯克或者查尔斯·詹姆斯·福克斯没有投身于这场艰苦的斗争，会遭人指责吗？如果他们这么做，一定会造成辉格党内部的分裂，并破坏辉格党成员联合起来达成目标的机会。小威廉·皮特也与托利党处在相同的两难境地中。然而，除非能有一个在能力和经验方面与他们相提并论的议员做他们所不能及之事，否则废奴事业仍然只是空中楼阁。当时的议会远不像现在这样需要为公众舆论负责。无论奴隶贸易废除协会①如何在议会外开启民智、疾声呐喊，议会内部都需要有人做相同的工作。这就需要一个既非两党领袖，又可以从两党拉得投票的人。此人要比大卫·哈特利和亚历山大·胡德更有影响力、说服力和感召力，能让议员们在看清事实的同时还不会让他们转移注意力，能激起议员们良知的同时还能让他们不至于感到受了冒犯。当时果真出现了一个这样的人，这简直是不可思议的巧合。

1759年，威廉·威尔伯福斯出生于赫尔，祖上来自约克郡，靠经商发家，家境殷实。他完成了在剑桥大学的学业，毕业后在伦敦过着悠然自得的生活。这是他比格伦维尔·夏普幸运的地方。威尔伯福斯身材瘦小孱弱，还有高度近视。渐渐地，他

---

① 成立于1787年的废奴组织，又称奴隶贸易废除委员会（Committee for Abolition of Slave Trade）。托马斯·克拉克森和格伦维尔·夏普等都是创始会员。——译者注

打量东西时的身形越来越像字母"S"。他的脸显得有些滑稽可笑。如果不是配上那双凹陷的眼睛，这张脸简直连平庸都算不上。他生性敏感但并不羞涩，总是不安分地表达自己的想法。威尔伯福斯集所有魅力于一身——迷人的个性、与众不同由内而外散发的气质、谈吐幽默、在会客厅展示模仿和唱歌的技艺及对消遣娱乐的热爱，简直就是上流社会的宠儿。他的个人魅力、对所有人和物表现出发自内心的兴趣与温和的善意，很快让他结交了许多朋友。其中与某个人的友谊是他最珍视的，此人便是小威廉·皮特。小威廉·皮特与威尔伯福斯同岁，也在同一时期就读于剑桥大学。然而，威尔伯福斯真正认识小威廉·皮特是在下议院的旁听席上一起聆听议员就美国独立战争展开的辩论，之后两人又在各俱乐部继续讨论这一话题。两人的关系很快升温，不久便成了最亲密的朋友。多年来，两人一同住在威尔伯福斯位于温布尔登的家里，共同出游，并于1780年同时当选为议员——小威廉·皮特当选为阿普尔比的议员，威尔伯福斯则当选为赫尔的议员。1783年，小威廉·皮特成为英国首相。无论小威廉·皮特在发表演讲时还是在拉选票时，威尔伯福斯总能给予他坚定的支持。这个来自约克郡的才华横溢的年轻人虽然不像大部分内阁大臣那样以强硬立场示人，但不久便展示出了非凡的辩论能力，再加上其口才了得、声音浑厚，很快便得了个"议院夜莺"的外号。

然而，就在1784年到1785年之间，威廉·威尔伯福斯遇到了

第3章 解放奴隶者

一件几乎葬送自己仕途的事情。艾萨克·米尔纳（Isaac Milner）曾是赫尔文法学校助理教员，之后做了剑桥大学的特别研究员。很快，他因成为剑桥大学女王学院院长并获得牛顿数学教授席位及卡莱尔教务长的职位而声名鹊起。在艾萨克·米尔纳的影响下，威尔伯福斯突然陷入了宗教情感的巨大漩涡里。约翰·韦斯利的思想在英国工人和中产阶级中间广为传播，但头脑冷静、愤世嫉俗的上流社会不为所动。约翰·牛顿[1]（John Newton）曾是一艘贩奴船船长。他对自己要求苛刻，后来彻底皈依基督教并献身教会事业。在奥尔尼做助理牧师时，他与性格沉郁的威廉·库柏取得联系。当约翰·牛顿在伦敦的伍尔诺斯圣马利亚堂向挤满教堂的教徒宣扬罪恶和地狱的可怕时，威尔伯福斯就是听众之一。这次经历过后，威尔伯福斯脱胎换骨，开始相信仁慈的上帝就在身旁。这种信念伴随他的余生。虽然在常人看来，威尔伯福斯之前的行为是无可指摘的，但在内心获得了新的良知后，威尔伯福斯认为自己以往的习惯、兴趣和消遣不仅是无聊轻率的，甚至可以说是有罪的。俱乐部、赛马会、舞会、戏剧，所有这一切统统被丢到了一边。小威廉·皮特既充满同情又

---

① 约翰·牛顿（John Newton，1725—1807），英格兰圣公会牧师。他早年从事大西洋黑奴贸易。1754年8月，和妻子喝下午茶时，他突然癫痫发作，全身瘫软。这次，癫痫持续了约一个小时，之后他经常晕眩和头痛，医生认为这是他在非洲时染病引起的，并认为他的身体状况不宜再出海。从此，他便放弃了奴隶贸易，成为一名坚决反对蓄奴制度的牧师。——译者注

不无焦虑地观望着这位朋友的精神冒险。当得知威尔伯福斯因各政党采取不诚实且野心勃勃的手段而考虑退出议会时，小威廉·皮特终于按捺不住了。小威廉·皮特言辞恳切地对他说，从现实事务中抽身而出并不是一个基督教徒必须履行的义务。威尔伯福斯最终被说服，重新开始部分社交和政治活动，但此时，他已经对社交和政治活动完全失去了兴趣。要不是废除奴隶贸易成了他的人生目标，也许他不会长久地待在政坛。他是从詹姆斯·拉姆齐那里第一次听到奴隶贸易的。之后，奴隶贸易成了他与巴勒姆男爵[①]（Baron Barham）——詹姆斯·拉姆齐的朋友和赞助者，以及热心公益的查尔斯·米德尔顿夫人一道讨论的话题。威尔伯福斯聆听约翰·牛顿用极其夸张的语言不无悔恨地回忆自己早年的生活。在读完托马斯·克拉克森的书后，威尔伯福斯派人把作者请来，恳请他提供更多关于本书主题的信息。很快，威尔伯福斯坚定地认为，到奴隶贸易该终结的时候了。同时，他认识到，只有有人在议会扛起终结奴隶贸易的重任，奴隶贸易才会真正结束。被唤醒的良知告诉他，要投身于终结奴隶贸易事业，不为党派利益所扰，心系无数人的身心健康。对一个基督教徒来说，终结奴隶贸易无疑是一种挑战；而对一个欲将国家从罪恶中拯救出来的爱国者来说，这是一场真正意义上的艰苦斗

---

① 即查尔斯·米德尔顿（Charles Middleton, 1726—1813），英国皇家海军军官和政治家。——编者注

争。对威尔伯福斯来说，投身于终结奴隶贸易事业的想法的产生可以用机缘巧合来形容。从某种意义来说，小威廉·皮特的想法也是这样产生的。1787年夏某一天，他与威尔伯福斯和格伦维尔·夏普三人坐在凯斯顿山谷的一棵老橡树下乘凉。小威廉·皮特突然提出了一个问题："威尔伯福斯，你跟我们讲讲关于奴隶贸易主题的动议吧！"

从那时开始，威廉·威尔伯福斯走上了一条使自己声望渐隆的道路，成为当时最有名的人物之一。人们总是把他的名字与英国奴隶制的废除和英国人道主义传统的发展联系起来。然而，威尔伯福斯一直保持着一颗谦逊的心，说取得这些成就都是与他人合作的结果。我们之后再来谈议员福韦尔·巴克斯顿（Fowell Buxton）所做的工作。在废奴事业的早期，托马斯·克拉克森同样做出了宝贵贡献。他虽然与威尔伯福斯保持着长期密切合作，但并不是威尔伯福斯亲密的朋友，既不能给予对方知识上和精神上同气相求的支持，也没有提供其所需的帮助。来自南华克的议员、银行家亨利·桑顿（Henry Thornton）在整整三十二年的时间里则一直是威尔伯福斯的亲密朋友。亨利·桑顿继承了祖父通过与俄罗斯人做生意赚到的家产，又从父亲约翰·桑顿（John Thornton）那里继承了做善举的传统。约翰·桑顿捐赠了多所学校，资助贫穷的学者，帮助有需要的神职人员。比如，他曾经支付了教区牧师约翰·牛顿在伍尔诺斯圣玛利亚堂工作时的生活费用。亨利·桑顿同样投身于"善事"。在结婚前，他拿出七分之六的收入为他人慷慨解囊。婚后，他依然为此拿出了至少三分之一的收入。一个同时代的人这样描述他，"身材高大、气宇不凡"，看上去冷峻严肃，令人心生敬畏。威尔伯福斯十分器重他。在所有人之中，威尔伯福斯及其盟友最信赖的便是亨利·桑顿的判断。1792年到1797年，威尔伯福斯住在亨利·桑顿位于克拉珀姆①的家里。当时，克拉珀姆还是一处安静的村庄，距离威斯敏斯特大教堂三英里。亨利·桑顿的家中有一间由查塔姆伯爵设计的椭圆形图书馆。废奴主义者经常聚集于此。"废奴运动之父"格伦维尔·夏普也住在附近。他是克拉珀姆教派的权威人物，也是教派成员们的"常客和知己"。然而，随着格伦维尔·夏普的年岁渐长，他开始对自己的"预言"日渐痴迷——他曾向查尔斯·詹姆斯·福克斯传授关于《但以理书》中"小角"②的含义。对废奴事业来说，格伦维尔·夏普的名声和无可指摘的品格无疑是一笔宝贵的财富。不过，查尔斯·格兰特（Charles Grant）在废奴事业上发挥了更实际的作用，他比格伦维尔·夏普要更早加入克拉珀姆教派，也是

---

① 伦敦南部兰贝斯区的一个地名。——译者注

② 《但以理书》中写到了神给予但以理关于人类历史发展的预言。预言中以四兽为喻，认为自但以理时代起，人类将会经历四个国度。第7章第7节到第8节："其后我在夜间的异象中观看，见第四兽甚是可怕，极其强壮，大有力量，有大铁牙，吞吃嚼碎，所剩下的用脚践踏。这兽与前三兽大不相同，头有十角。我正观看这些角，见其中又长起一个小角，先前的角中，有三角在这角前，连根被它拔出来。这角有眼，像人的眼，有口说夸大的话。"——译者注

亨利·桑顿的邻居。格兰特年轻时便供职于东印度公司，曾前往孟加拉并谋得要职。由于为人诚实，执行商业政策有方，他被印度总督查尔斯·康沃利斯（Charles Cornwallis）选中，脱颖而出。不久，格兰特回到英格兰，加入东印度公司的董事会，并于1805年成为位高权重的董事会主席。从1802年到1818年，他担任因弗内斯郡的议员。格兰特家境贫寒，没有受过多少正规教育，靠着自身的能力和性格的魅力一路走到了今天。与格兰特的自制能力和务实高效的办事风格相比，他身上带有的那种质朴的善良更让他的朋友们敬佩。威尔伯福斯说："他是我认识的人中最好的人之一。"英裔印度人约翰·肖尔（John Shore）是查尔斯·格兰特同在东印度公司的同事，也是他的一位密友，后受封为廷茅斯男爵（Baron Teignmouth）。肖尔与格兰特有着相同的宗教信仰，认为英国在印度的统治是对印度人的"严格义务"。1798年，从孟加拉总督位置上卸任的肖尔在克拉珀姆找到了安身立命之所。与威尔伯福斯和亨利·桑顿年龄更相仿的是詹姆斯·史蒂芬（James Stephen）。他在圣克里斯托弗岛当了十年的律师后回到英格兰，从1794年开始在克拉珀姆住了下来。史蒂芬是斯潘塞·珀西瓦尔（Spencer Perceval）的朋友，于1808年到1815年担任特拉利和东格林斯特德的议员。然而，史蒂芬并不是一个有说服力的演讲者，他为废奴事业所做的工作主要是在议会外完成的，比如，他发表了一些描述奴隶制的文章，还为威尔伯福斯发声并提供事实依据。史蒂芬在西印度群岛的所见所感已经深入骨髓，结果无论是在交谈还是在写信时，他都无法掩饰自己的激动，并时不时地带有一种尖刻的口吻，绝不会在某个观点上敷衍了事或者附和他人。这些特点与威尔伯福斯的温文尔雅和亨利·桑顿的沉着冷静形成了鲜明的对比。克拉珀姆教派中的另一个中心人物是扎卡里·麦考利（Zachary Macaulay）。他在克拉珀姆教派成员中年纪最小，但就工作量和价值而言，丝毫不逊色于其他成员。和史蒂芬一样，他也曾住在西印度群岛。十七岁那年，扎卡里·麦考利只身来到牙买加，成为当地一处庄园的副管家。从他最开始寄回英国的信中我们可以看出，他或多或少认为奴隶制是理所当然的。

> 我站在一片甘蔗地里，旁边有一百来个黑人。在主人的咒骂叫嚷声中，鞭子一声声重重地抽打在他们肩上。可怜的人儿在哭喊着。我的朋友，你一定还没有忘记我们曾度过了多少安宁惬意的时光。而此时你说不定会想，眼前这个悲惨的场景真是太不幸了。

在当了四年的副管家后，扎卡里·麦考利收到了一份从英格兰发来的工作邀请，于是他回国了。如果没有托马斯·巴宾顿（Thomas Babington）的影响——他刚刚娶了扎卡里·麦考利的姐姐琼·麦考利（Jean Macaulay），在牙买加的经历也许并不会长久地留在扎卡里·麦考利心里。托马斯·巴宾顿是莱斯特郡的罗斯利城堡的主人，在莱斯特郡当了二十年的议员，为人真诚直率，是一位品格高尚的英国贵族，完美地诠释了什么才是一个思想纯粹的人。托马斯·巴宾顿决心将自己对宗教的虔诚和人生观都传授给这个有些自负又老成持重的年轻内弟，并很快收到了惊人的成效。正如威尔伯福斯一样，扎卡里·麦考利脱胎换骨，甚至开始急不可耐地要和自己的恩人托马斯·巴宾顿站在同一条战线上，怀抱同样的信仰。扎卡里·麦考利就这样开始投身于废奴运动，而托马斯·巴宾顿之所以投身于废奴运动，是因为与威尔伯福斯的友情。扎卡里·麦考利是富有激情的年轻人，本来就对奴隶制十分了解，但派上更大用场的是他不久之后展现出的惊人能力：长时间伏案工作，收集、整理并记住大量细节性的事实——这种能力还遗传给了他那个名气更加响亮的儿子。如果扎卡里·麦考利的共事者对某个地方感到不解，不管是再小的细节，他们都会说："麦考利会给我们解释清楚。"从扎卡里·麦考利的肖像看，他浓密的眉毛下长着一双细长的眼睛，嘴唇薄薄的，表情平静，几乎可以用毫无生气来形容。儿子托马斯·巴宾顿·麦考利（Thomas Babington Macaulay）可就大不一样了。他看上去十分拘谨，不苟言笑，在演讲时总是苦于找不到合适的词语来表达想法。人们也许会认为，托马斯·巴宾顿·麦考利的性格不讨喜，让人产生距离感，但事实是，凡是了解他的人都会喜欢上他。

在这个充满兄弟之情的亲密圈子里，不得不提的还有来自诺里奇的议员威廉·史密斯（William Smith）。他身材健壮魁梧，喜欢放声大笑，更加衬托出亨利·桑顿的严肃冷峻和扎卡里·麦考利的少言寡语。托马斯·吉斯伯恩（Thomas Gisborne）为了一处在斯塔福德郡的牧师住所，拒绝了在德比的议会席位。正是在这所位于尼德伍德森林边的房子里，威尔伯福斯常常与剑桥大学的校友们相谈甚欢。爱德华·艾略特（Edward Eliot）与小威廉·皮特、威尔伯福斯等人经常见面。要不是他早早离世，一定会成为议会中为废奴事业发声的领军人物。哈娜·莫尔（Hannah More）曾在威尔伯福斯度蜜月期间招待过他。之后，她便离开了自己在萨默塞特设立的学校，来到克拉珀姆。艾萨克·米尔纳行事低调，是个"好心眼、健谈的睿智老人"。不久，这个圈子里就诞生了第二代"克拉珀姆教派"成员，其中包括罗伯特·格兰特（Robert Grant）和查尔斯·格兰特[①]这两个年轻人，一个即将成为孟买总督，另一个之后成为战争与殖民地大臣和格莱内尔格勋爵（Lord Glenelg）；詹姆斯·史蒂芬和乔治·史蒂芬（George Stephen）这两个年轻人将会在本书后面的部分大放异彩；之后加入的还有年轻的汤姆·麦考利（Tom Macaulay）。

这个杰出的小团体更加为人熟知的名字是"克拉珀姆教派"

---

① 他和上文提到的查尔斯·格兰特不是同一人。此处提到的查尔斯·格兰特于1778年出生，1866年去世。——译者注

（Clapham Sect）。之所以取这个名字，是因为除了成员之间的友情和结下的姻亲——亨利·桑顿是威尔伯福斯的堂弟[①]，托马斯·巴宾顿娶了扎卡里·麦考利的姐姐琼·麦考利，托马斯·吉斯伯恩娶了托马斯·巴宾顿的妹妹玛丽·巴宾顿（Mary Babington），詹姆斯·史蒂芬娶了威廉·威尔伯福斯的姐姐莎拉·威尔伯福斯（Sarah Wilberforce）——之外，成员之间的最有力的纽带是他们的信仰。每个周日，克拉珀姆教派成员都会齐聚教区的教堂，聆听约翰·维恩（John Venn）的布道。约翰·维恩本人也积极参与了所有由克拉珀姆教派组织的人道主义活动。人们给那些在议会中占有一席之地的克拉珀姆教派成员取了个贴切的别名——"圣徒"。这个名字虽带有戏谑的意味，但又不失尊重。正是因为克拉珀姆教派成员对崇高事业的无私奉献、不掺私心杂念、为人诚实正直、一心追求问心无愧和基督教精神，才让这个人数不多的团体在下议院拥有了非同凡响的影响力，这是单凭成员们的政治能力很难达到的。在克拉珀姆教派成员中，只有威尔伯福斯是天生的演说家。亨利·桑顿虽然凭借其在金融领域的专业知识打动了奴隶贸易废除协会，并在与内阁协商时引起了人们的关注，但与詹姆斯·史蒂芬和扎卡里·麦考利一样，演说技巧平平。克拉珀姆教派成员不隶属于任何一个党派。他们中的

---

① 威廉·威尔伯福斯（1759—1833）的爷爷娶了约翰·桑顿的女儿莎拉·桑顿后，两家从此成为亲戚。约翰·桑顿是亨利·桑顿（1760—1815）的曾祖父。——译者注

大部分人原则上是"独立人士"。威廉·史密斯一直支持辉格党，而詹姆斯·史蒂芬则一直支持托利党。威尔伯福斯是小威廉·皮特的忠实拥护者。威尔伯福斯虽然有可能为锡德茅斯勋爵（Lord Sidmouth）亨利·阿丁顿（Henry Addington）投票，并因此遭到激进分子的仇恨，但他永远支持的是那个在1783年到1793年为天主教解放①和"温和"改革积极发声的小威廉·皮特。亨利·桑顿虽为小威廉·皮特的知己，却总是站在小威廉·皮特的政治对手查尔斯·詹姆斯·福克斯一边。正是因为秉持独立性和拒绝违背信仰，"圣徒"才会成为议会内外一支不可小觑的力量。这种"信奉基督教的政治家之间的兄弟情谊"是之前从未有过的。

虽然每个克拉珀姆教派成员都能力不凡，但公认的领袖和中心人物只有威尔伯福斯一人。1793年，亨利·桑顿在一封寄给查尔斯·格兰特的信中写道："威尔伯福斯是一支蜡烛，他的光芒不应该被掩盖。"②正如我们所见，威尔伯福斯的才能加上托马斯·克拉克森的勤勉和奴隶贸易废除协会的宣传，才最终开启了针对奴隶贸易的强烈抨击。但我们绝不能就此认为，威尔伯福斯

---

① 天主教解放（天主教救济）是18世纪中期到19世纪早期在大不列颠和爱尔兰联合王国发起的一场运动，目的是减轻或消除对天主教徒在宗教自由等方面的限制，以及获得公民权及政治权等。——译者注

② 这句话的用法取自谚语"hide your light under a bushel"，意思是"光芒被掩盖"。——译者注

和合作者们只对人道主义运动中的这一个方面感兴趣。首先，关于奴隶制的记忆还留在威尔伯福斯和合作者的脑海中。他们之所以决定先抨击奴隶贸易，不仅是因为它更易被破坏，还因为他们相信，一旦奴隶贸易遭到破坏，定会切断奴隶制的供应链，使奴隶制因为失去维系而很快终结。另外，废奴主义者的目标并非只破不立。从一开始，他们的政策就呈现出积极的态势。他们认为，停止对非洲人的伤害是不够的，应该给予非洲人欧洲文明的精华而非糟粕。在"圣徒"的眼里，给予的价值要远在其他价值之上。正是秉持这样的理念，"圣徒"才会在当时蓬勃发展的传教事业中扮演了领导角色。成立英国海外传道会的想法就是在威尔伯福斯的房间里讨论出来的。英国海外传道会于1799年成立，首任主席是约翰·维恩，财务主管一职由亨利·桑顿担任。英国和外国圣经公会于1804年成立，首任主席为约翰·肖尔，副主席为威尔伯福斯，财务主管一职由亨利·桑顿再次担任。"圣徒"在宗教信仰协会同样担任要职。最初的工作领域是在印度。又是在威尔伯福斯的努力下，英国传教士于1813年获得了进入印度的许可。然而，不久，第一批英国传教士就在这个被称为"白人的坟墓"的地方接连死去。

先是基督教，然后是商业。废奴主义者认为，西非"合法的"欧洲贸易发展不仅能同时惠及非洲人和欧洲人，还可能将奴隶贸易赶出西非，这是因为当地酋长会发现，原来通过交换非洲的产品就可以得到自己想要的外国商品，而不必把人作为交换品。和小威廉·皮特一样，威尔伯福斯在演讲的开始部分提出了对奴隶贸易的反对，接着指出了在非洲发展更体面的英国商业的可能性。演讲中提到的第三点就是殖民化。为了支持英国传教士和商人的工作，需要建立永久的定居形式，而不是四散在非洲海岸各地为奴隶贸易提供便利的简陋小屋和圈地。如果不是后来发生了一系列出乎意料的事件，建立"殖民地"这种野心勃勃的想法在废奴事业发展的早期几乎是不可想象的。正如曼斯菲尔德勋爵所预料的那样，詹姆斯·萨默塞特案造成了严重的社会问题。一些得到自由的奴隶仍在以仆人的身份留在主人身边，为主人提供有偿服务，另一些得到自由的奴隶在别处找到了新的生计，但还有几百名得到自由的奴隶陷入无所事事甚至一贫如洗的状态。1783年，在美国独立战争中为英军效力的黑人遭到遣散后，黑人引发的社会问题变得更加严重。这些遭到遣散的黑人有的被安置在新斯科舍，有的被安置在巴哈马群岛，有的则被安置在伦敦。私人慈善组织为他们提供了某种形式的救助。有越来越多的黑人找格伦维尔·夏普领取救济金。1786年，以"救助贫穷的黑人"为名义的黑人穷人救济委员会成立，但黑人穷人救济委员会很快便疲于应对繁重的工作。格伦维尔·夏普认为，唯一有效的解决方案只能是将贫穷的黑人遣送回他们的祖国。斯韦特曼博士（Dr. Sweatman）曾在塞拉利昂待过几年，研究当地的动植物。他提出一个明确的建议：在非洲就地建立收容黑人贫民的殖民地。这一建议执行起来困难重重，但格伦维尔·夏普像往常一样表现出了极大的热情。首相小威廉·皮特的内阁正在考虑将囚犯从人满为患的监狱和破旧的船①里分流到博特尼湾的一处殖民地，于是欣然接受了一个让"贫穷的黑人"离开的类似方案。政府发起了一次探险行动，派了一个海军军官负责将黑人运走，并保证黑人在当地定居后六个月内维持定居点的稳定。1787年5月9日，约四百名黑人安全抵达圣乔治湾。英国政府从当地酋长那里购买了一块面积为二十平方英里的临海土地。建设一个小镇的工作随即开始。《1791年宪法法案》"特许"了塞拉利昂公司控制此殖民地的权利。格伦维尔·夏普担任塞拉利昂公司总裁，亨利·桑顿担任主席，首届董事会成员包括查尔斯·格兰特和威尔伯福斯。这种带有慈善性质的殖民是一次大胆的实验，各种各样的麻烦接踵而来——疾病、遗弃、来自外部的袭击、内部的骚乱。法国大革命早期，一支来自雅各宾俱乐部的队伍抓走了囚犯，在定居点大肆抢劫——我们在这里不具体描述。总之，是扎卡里·麦考利用勇气和能力挽救了局势。1793年，他被任命为塞拉利昂议会议员，并在1794年以二十六岁的年纪成功当选为塞拉利昂总督。

扎卡里·麦考利于1799年卸任时，定居点已经安然度过了

---

① 随着犯罪率的上升和北美殖民地的叛乱时有发生，英国不得不另寻输送重罪犯人的地方。囚犯们临时挤在名为"Hulk"的破损生锈的军舰上。这些军舰通常停泊在伦敦的泰晤士河上。白天，囚犯们在伦敦的码头等地劳作。——译者注

最糟糕的阶段，在他的管理下变得井井有条。到了1807年，当初的实验已经得到了人们的肯定。英国政府正考虑接管这一定居点，将其作为英国王室的直辖殖民地。

以上便是废奴主义者推行的"积极政策"。有三条特点鲜明的主线贯穿始终又相互联系——基督教、商业和殖民化。人们对三条主线最初的理解成了"积极政策"产生的出发点。

CHAPTER IV

第 4 章

废除英国的奴隶贸易

1787年秋，当托马斯·克拉克森首次踏上一系列调查之旅时，反对奴隶贸易的斗争其实已经开始了。托马斯·克拉克森在布里斯托尔、利物浦和兰开斯特等地进行了探访。他登上贩奴船，测量船上给奴隶预留的空间大小。他还查看船员名册，以得到英国船员死亡率的具体数字。他拿到了给奴隶用的镣铐、手指夹和开口器等刑具的样本，还会向每个当事人提问。虽然人们还不至于认为这个好事者的好奇心会让奴隶贸易已经枝繁叶茂的体系有倾覆的危险，但这毕竟会给交易商带来不利的影响。托马斯·克拉克森自然招来了不少怨恨和敌意。不是所有发生在贩奴船上的事情都能光明正大地公之于众。事实上，托马斯·克拉克森就调查了一起关于一个船员被船长谋杀的案子。一些利物浦的交易商开始跟踪他，还挑起事端与他争吵，让他不堪其扰。有一回，他在码头差一点被人推进海里。即使是这样，托马斯·克拉克森也从未胆怯过。完成调查工作后，他带着大量确凿的证据回到了伦敦。

　　整个1787年的秋冬，威廉·威尔伯福斯也在为即将在议会进行的工作忙碌着。他阅读了手边所有关于奴隶贸易的资料，与伦敦从事奴隶交易的商人交谈，与政治伙伴们特别是与小威廉·皮特讨论奴隶贸易。年轻的首相小威廉·皮特还有许多要操心的事——乔治四世（George IV）的健康状况、沃伦·黑斯廷斯案[1]、低地国家惹出的麻烦、俄国对土耳其的进攻。小威廉·皮特推荐威尔伯福斯投身于废奴事业，并不意味着自己从此置身事外。事实上，他和威尔伯福斯一样憎恨奴隶贸易。他一开始便直言不讳地告诉威尔伯福斯，自己不能将废奴变成一项政府举措，原因很简单：本届政府无法就废奴达成共识。威尔伯福斯对小威廉·皮特的解释表示完全理解。大法官爱德华·瑟洛（Edward Thurlow）和贸易与产业大臣西德尼子爵[2]（Viscount Sydney）从殖民地利益出发，坚决反对任何有损于奴隶贸易的行为。小威廉·皮特尽管没有获得本届政府或所在党派托利党的支持，但愿意尽一切可能为废奴事业做出贡献，在威尔伯福斯身上倾注了大量时间。在威尔伯福斯的建议下，小威廉·皮特找到托马斯·克拉克森，仔细聆听了对方收集的证据。小威廉·皮特主动采取了两个步骤。第一，在为即将到来的抨击奴隶贸易的议会

---

[1] 沃伦·黑斯廷斯（Warren Hastings）自1773年以来一直担任孟加拉总督，大大增强了英国在印度的权力。他于1785年返回家乡，因其受到在加尔各答时出现的管理不善和腐败行为等指控被议会弹劾。沃伦·黑斯廷斯之案的审查进行了七年之久。沃伦·黑斯廷斯尽管最终被无罪释放，但声誉因此毁于一旦。——译者注

[2] 即托马斯·汤森（Thomas Townshend, 1733—1800），英国政治家，1754年进入下议院，先后担任军务大臣、下议院领袖、内政大臣、贸易委员会主席、上议院领袖等要职。——编者注

辩论做准备的过程中，小威廉·皮特授命枢密院贸易委员会[①]调查英国与非洲之间的奴隶贸易并出示报告，好为辩论提供权威材料。第二，由于英国单枪匹马的行动会对废奴事业的前景不利，小威廉·皮特让英国驻法大使转达英国政府希望与法国政府共同采取行动的想法。如果法国方面表示同意，那么英国政府还会对西班牙和荷兰使用类似的外交手段。1789年春，《枢密院报告》出炉，圆满地完成了使命。然而，外交行动没有成功。法国大臣拒绝了英国政府的请求。如果法国不愿参与，那么英国再向其他国家提出请求也会是相同的结局。可无论英国多么孤立无援，无论那些没有良知的对手如何赚得盆满钵满，小威廉·皮特都毅然决然地致力于英国的废奴事业。威尔伯福斯在1788年初的一篇日记里写道："今晚我去找了皮特。我们认识到，前面的困难比我们之前想象的多得多，但这并没有动摇他废除非洲奴隶贸易的决心。"

　　下议院的公开辩论原定于1788年进行，但就在那一年的3月，身体一向孱弱的威廉·威尔伯福斯突然病倒——连医生们都几乎放弃了治疗。小威廉·皮特向威尔伯福斯保证，将由威尔伯福斯亲自领导在议会的辩论。威尔伯福斯写下了这样的文字："皮特的原则和友情打动了我，我比以前更加爱他。"在与

---

① 首相小威廉·皮特于1784年通过枢密令成立了贸易及垦殖局委员会。——译者注

格伦维尔·夏普会面后，1788年5月9日，小威廉·皮特提出一项决议，要求下议院必须在下个会期一开始便考虑奴隶贸易问题。到那时，由小威廉·皮特本人主持的枢密院委员会应该已经提交了报告。小威廉·皮特认为现在讨论奴隶贸易问题的时机并不成熟，也没有给出自己的意见，而查尔斯·詹姆斯·福克斯和埃德蒙·伯克则宣布自己赞成废奴的坚定立场。奴隶贸易的支持者仍保留自己的看法，但很少发言。小威廉·皮特的决议最终得以通过。这是一场简短、严肃的辩论，它带来了一个显著的变化：此前，下议院对奴隶贸易仍然持默许的态度，从弗雷德里克·诺思勋爵在1783年表现出的悲观态度便可以得知。在本届议会结束之前，还有一项工作得以完成。牛津大学的威廉·多尔宾[①]爵士参观了一艘停泊在泰晤士河的贩奴船。当看到黑人被当成货物满满当当地塞在船舱里时，他非常惊骇，于是立即递交了一份法案，规定运输奴隶的数量必须考虑到船的吨位，不得超过规定的比例。这一法案把奴隶贸易的支持者置于众目睽睽之下。奴隶贸易的支持者不仅否认奴隶遭受的痛苦，还宣称任何规范奴隶贸易的企图都会使奴隶贸易毁于一旦。然而，他们犯了一个策略上的错误。他们想要极力淡化"中间航道"给奴隶带来的痛苦，反倒让下议院认清了从他们嘴里说出来的事实：有时多达

---

① 威廉·多尔宾（William Dolben，1727—1814），英国保守党议员，废奴运动的社会活动家。1788年，在威廉·皮特等其他废奴主义者的支持下，他提出了规范贩奴船条件的法案。——编者注

三分之一的奴隶死在运输途中。奴隶贸易支持者的冥顽不化激起了小威廉·皮特的斗志。他向下议院宣布，如果确实无法规范奴隶贸易，那么他将在不继续调查的情况下投票赞成完全废除奴隶贸易。此言一出，法案以压倒性优势在下议院获得通过，但在上议院遭到了反对。小威廉·皮特宣称，如果法案不能通过，他将不会和反对法案的人留在同一个内阁。最终，法案以两票的微弱优势在上议院获得通过。

1789年4月，枢密院发表报告，里面的内容并未就奴隶贸易发表看法，但就奴隶贸易给出了确切的证据。虽然维护奴隶贸易的一方展开了有力论述，甚至对白人的名声进行了不那么令人信服的"粉饰"，但反对奴隶贸易的一方，包括了许多受人尊敬的亲历者——殖民地的管理者、海军军官、医生、旅行家，他们根据自己亲眼所见给出了关于奴隶贸易实际运作的证据。托马斯·克拉克森报告了自己调查的结论，并向在座的各位介绍了从运奴的港口找来的线人。最让人们印象深刻的是安德鲁·斯帕尔曼（Andrew Sparrman）博士的证词。他是一个著名的非洲探险家，在斯德哥尔摩的大学教授物理学。他的证词显然是客观的，其中有这样一段描述：非洲当地有个喝得酩酊大醉的"国王"还想要点白兰地，于是派手下的人夜间突袭附近的村落，好去抓些奴隶带回来。结果可想而知。在与（下议院）议长威廉·格伦维尔（William Grenville）结束对枢密院报告的讨论后，小威廉·皮特写道："我们考虑得越全面，这个问题就越对我们有吸引力。"不久，威尔伯福斯的身体突然完全恢复，让医生们感到吃惊。1789年5月12日，他与小威廉·皮特共同提出了一系列决议，给决议的通过带来了更多成功的希望。决议总结了反对奴隶贸易的观点。威尔伯福斯用一篇长达三个多小时的演讲深深打动了议会的所有人。埃德蒙·伯克评价他的演讲有"希腊雄辩术的遗风"。埃德蒙·伯克接着发言。他说，因废除奴隶贸易而导致的商业损失不足以成为为奴隶贸易的必要性辩护的理由。他问道："我们做好为善行付出代价的准备了吗？"接下来的发言人是小威廉·皮特。正如所有人料想的那样，自从开启针对1788年《奴隶贸易法案》[①]的辩论以来，小威廉·皮特就义无反顾地加入了与威尔伯福斯并肩作战的阵营。接下来发言的是查尔斯·詹姆斯·福克斯。福克斯说，他不相信法国会阻碍废奴运动。相反，法国有可能会"借助我们的火光来照亮自己，与我们共同努力，以尽早结束奴隶贸易"。维护奴隶贸易的一方的发言却显得空洞无力。没有一个前座议员为奴隶贸易辩护。辩护的任务被交给了"西印度群岛殖民者"和后座议员。然而，即使令人信服的论述全都来自一方，上议院和下议院也没有立即做出决定。良知与谨慎的心理之间产生了冲突。盖伊·库珀（Guy Cooper）爵士说："那些更有仁爱之心的人说不定会草率地采取有损于我们在西印度群岛的利益的举动。"就连他自己也承

---

① 也就是前文提到的威廉·多尔宾提出的法案。——译者注

认，自己对废奴问题心存疑虑，难下定论。盖伊·库珀爵士的想法真实地反映了当时人们的普遍心理。当下议院慎重地提出，为了做出公正判决，首先需在自己的议事厅①进行听证时，上议院立刻抓住这个机会，提出重新列举全部证据，这样就不用马上做出决定。小威廉·皮特和查尔斯·詹姆斯·福克斯虽然提出抗议，但仍然于事无补。议会的最终决定真实地反映了其想法，即暂缓对奴隶贸易的讨论——这在人们的意料之中，而对"西印度群岛殖民者"来说，这已经是最好的决定了。

1790年的废奴事业没能取得进一步成果。在这一年的议会会议上，议员们进行了听证工作。在会议即将结束时举行的大选巩固了小威廉·皮特代表的多数党地位。废奴主义者不放过每个机会。托马斯·克拉克森辗转于伦敦之外的各个地区，并在当地成立废奴主义者聚会中心。威尔伯福斯仔细审查枢密院报告和下议院提供的新证据。"整整一周又在忙着研究证据。睡得不好，大概是工作太辛苦的缘故。"类似的文字在威尔伯福斯1790年的日记中经常出现。1791年春，他提出研究"法案中包含的证据"的提议，以"防止更多的奴隶被运输到西印度群岛的英属岛屿"。与之前的演讲者一样，威尔伯福斯的演讲极富感染力但并不咄咄逼人，并且比他们的演讲更加事实充分、举例翔实。小威

---

① 英国的上议院里面有一个围栏，下议院里面有一条白线，都被称为"Bar of House"，以标记议事厅的界限。当会议正在进行时，任何人不得跨越界限。——译者注

廉·皮特、查尔斯·詹姆斯·福克斯和埃德蒙·伯克再次为威尔伯福斯发声。这次，虽然有了像威廉·扬（William Yonge）爵士和约翰·罗素（John Russell）勋爵这样有头有脸的人物公开支持奴隶贸易，但没有一个主要政治家为奴隶贸易辩护。

德雷克（Drake）说：

> 的确，带头的废奴主义者都赞同废除奴隶贸易。可我认为，今天讨论的话题对那些最普通的演讲者、矮子和俾格米人①是不利的。西印度群岛的财产已危如累卵；人们就算对自己的财产慷慨大方，可不会对其他人的财产慷慨大方。

德雷克的话曲解了威廉·威尔伯福斯的动议的字面意思，但真实反映了动议的精神。如果奴隶贸易遭到破坏，那么奴隶制本身也将岌岌可危。下议院不能再拖延决定了。由于英国一直以来都不喜欢做出重大改变，还有着尊重财产权的传统，下议院没有考虑查尔斯·詹姆斯·福克斯以人性为名义提出的诉求和小威廉·皮特以正义为名义提出的诉求。威尔伯福斯的动议以一百六十三票反对、八十八票赞成被否决。

废奴主义者当然不会接受议会的决定。他们很快决定用唯

---

① 俾格米人是生活在非洲和东南亚部分地区身材矮小的人。——译者注

第4章 废除英国的奴隶贸易

一可行的办法扭转颓势——激起民众反对奴隶贸易的声音。奴隶
贸易废除协会组织的宣传已经初见成效。关于奴隶贸易的骇人行
径的宣传册和议会辩论实录重印本在人们手中广为传阅。有人给
威廉·库柏的诗歌《黑人之怨》谱了曲并印刷成册，发行量达到
几千份。曾设计了许多备受追捧的精美的鼻烟盒、手链和发饰的
著名的陶工艺大师乔赛亚·韦奇伍德（Josiah Wedgwood），是
一个积极的废奴主义者，为奴隶贸易废除协会设计了浮雕饰物图
案，上面描绘的是一个黑奴正在做出恳求的姿势。废奴主义者鼓
励人们消费东印度群岛生产的蔗糖，而不要购买用西印度群岛
的奴隶生产出来的产品。很快，在知道了奴隶贸易背后的故事
后，越来越多的英国人希望停止奴隶贸易。万事俱备，只欠东
风。现在要做的就是将民意收集起来，变为提交给议会的厚重
文件。1792年初，一个有条不紊的行动计划开始实施了。关于
反对奴隶贸易讨论的最新摘要和上一次议会辩论的总结得到广
泛宣传。威廉·迪克森（William Dickson）博士被派往苏格兰后
不久，托马斯·克拉克森再次遍访英国，以获取详尽的调查证
据。英国各地建立了与伦敦的奴隶贸易废除协会进行联络的分支
协会。在各协会的带领下，反对奴隶贸易的请愿书已经完成，只
等威尔伯福斯在下议院再次提出废奴动议通知。一切都在按部就
班地进行着。1792年初，动议通知被提交给了下议院。大量的
请愿书随即涌入——有三百一十二份来自英格兰，一百八十七份
来自苏格兰。只有五份是来自支持奴隶贸易的一方，连利物浦

都放弃了提交请愿书。伦敦市长詹姆斯·桑德森爵士（Sir James Sanderson）和大部分高级市政官都对市议会的请愿书提出了反对意见，但反对意见被同业工会会员[1]驳回。正当威尔伯福斯即将在议会开启针对奴隶制的伟大的斗争时，1792年4月2日，市议会的请愿书终于来到了下议院。

维护奴隶贸易的一方并没有消极应战。这段时期发生的一系列事件使他们的手里掌握了比以前更加强大的武器。1791年的议会辩论期间，一场风暴席卷了英吉利海峡，并很快波及整个世界。1791年，法国大革命进入了更加暴力的阶段。到了1791年末，法国大革命催生的一个全新的法国和欧洲的旧政体之间爆发的武装冲突已经不可避免。1792年，在风起云涌的局势变幻中，《马赛曲》的合唱传来。法国向普鲁士王国宣战，路易十六（Louis XVI）被囚，"九月大屠杀"[2]开始，法国军队入侵比利时。这些事件给英国人带来了极大的触动。在法国大革命早期主张立宪的阶段，大部分英国人对法国大革命持容忍的态度，甚至抱有一丝同情，而现在，大部分英国人从1783年以来产生的容忍转向了对立面，变成了仇恨与恐惧。进步性质的政策在人们心

---

① Liverymen是伦敦同业公会会员。伦敦同业公会源自中世纪的伦敦工会，负责行业的培训及工资水平、劳工条件和行业标准等方面的监管，拥有广泛的地方政府权力。——译者注
② 九月大屠杀是1792年法国大革命期间从9月2日到9月6日在巴黎发生的一系列天主教囚犯被杀事件。——译者注

作曲家鲁热·德·莱尔在斯特拉斯堡市长迪特里希的家中首次演唱了自己
创作的《马赛曲》。伊西多尔·皮尔斯 （Isidore Pils, 1815—1875) 绘

中的地位大打折扣。改革搁置了整整四十年。废奴运动依据的与生俱来的权利与自由的理念——正是这样的理念点燃了法国的革命之火，同样受到了冲击。更加不幸的是，西印度群岛原有的社会秩序因被撼动而带来了风险，这从法属岛屿上的革命运动产生的后果中可见一斑，尤其是在革命浪潮汹涌的法属海地（圣多明戈）。1791年，人口众多、物产丰富的法属圣多明戈陷入了无政府状态，流血事件频发。一开始是法国保皇派与法国共和派的斗争。接着，穆拉托人[1]开始奋起反抗，要求与白人享有同等权利。最后，在约十万名奴隶中间爆发了"奴隶起义"[2]，造成血流成河的惨剧。约有两千名白人遭到屠杀，超过一千个种植园被毁。起义很快便蔓延开来。其他法属岛屿上的奴隶也揭竿而起。连在英属多米尼克岛这样的弹丸之地也发生了一次失败的起义。如果以"西印度群岛殖民者"的视角来评价起义是否道德，其结论是不言自明的。"黑人从属于白人本是天经地义，现在却被那些持有雅各宾派想法的人从中阻挠。诸位且看眼前的后果。"

　　发生在巴黎和圣多明戈的事件拉响了危险的红色警报。下议院不可能再对此视而不见。然而，下议院同样几乎不可能无视请愿书中体现的前所未有的激昂民情。再者，下议院笃定

---

[1]　泛指黑白混血。——译者注

[2]　原文 "servile war" 是对历史上出现的 "Servile Wars" 的借用。"Servile Wars" 是指在古罗马共和国末期在西西里等地爆发的三次奴隶起义。——译者注

地认为，非洲和"中间航道"的奴隶贸易中所犯下的恶行容
不得再有人为之辩护了。因此，当有人再次建议采取折中方
案时，下议院很快抓住了机会。这次带头的人是亨利·邓达
斯（Henry Dundas）。他是小威廉·皮特在内阁中最亲密的战
友，也是小威廉·皮特所在党派极富判断力的领袖之一。邓达
斯支持废奴主义，但认为废奴不应一蹴而就，需采取循序渐进
的方式。最好的方法是改善奴隶的生活与工作条件，鼓励生
育，教育后代。这样一来，种植园主就能拥有数量充足且质量
更高的劳动力，奴隶贸易失去存在的必要，并且为奴隶从劳动
力向自由人的过渡提供了可能。大约三十年之后，议会终于认
识到这种温和的管控措施实际上是不可能执行下去的：管控措
施遭到了种植园主的强烈抵制。不过，当时，这项折中方案看
起来的确是合情合理的。邓达斯效仿的正是废奴主义者的做
法。他的计划与埃德蒙·伯克在1780年提出的计划相似。伯
克因法国大革命而渐生恐惧，也许还因被邓达斯打动，他送给
了邓达斯一份自己当初制订的计划草案。不过，伯克并未参加
辩论。威尔伯福斯和合作者自然不会接受伯克的提议。他们认
为，伯克的提议是在默许日复一日、年复一年地继续其肮脏的
奴隶贸易，却无法保证终有一天彻底终止这项罪行。邓达斯
请求组建一个由"温和派"组成的团体，以"将问题的严重
性降低到可以接受的范畴"。下议院议长亨利·阿丁顿和罗
伯特·詹金森（Robert Jenkinson）——后受封为利物浦伯爵

（Earl of Liverpool）对邓达斯的请求做出了回应。福克斯强烈谴责"缓和"政策。他说，"缓和"政策与杀人和掠夺无异，并请求采取正直的做法，即立即全面废除奴隶贸易。"只要我还能发声，就绝不会对这个问题坐视不管。"激烈的辩论一直持续到深夜。直到天快拂晓，小威廉·皮特才站起身来，宣布辩论结束。内阁和自己所在党派之间的矛盾，已经让小威廉·皮特深感不安，再加上认识到圣多明戈发生的悲剧带来的破坏性影响，他只能建议择期再辩。小威廉·皮特的决定不禁让威尔伯福斯忧心忡忡。辉格党和激进派人士都对小威廉·皮特是否忠于废奴事业产生了极大怀疑。然而，在小威廉·皮特发表演讲后，对他的所有疑虑都烟消云散了。这很可能是他从政生涯中最精彩的一次演讲。福克斯、查尔斯·格雷（Charles Grey）和威廉·温德姆（William Windham）都认为"这是他们听过的最有感染力的"演讲。小威廉·皮特对制造恐慌的人毫不回避。他说，如果英属岛屿的命运果真同圣多明戈一样，那么很明显，不应该有更多的奴隶被运到那里。在回答亨利·邓达斯的问题并回应其"温和派"的主张时，小威廉·皮特敦促人们尽早实行废奴政策。这样一来，种植园主就不得不为了自身利益而采取亨利·邓达斯建议的缓和政策。小威廉·皮特请求为"我们长期以来对非洲做出的残酷和不公正的行为"赎罪，并发出疾呼：赎罪已经刻不容缓。不要再有人说"非洲本来就是为我们这些自由、文明的欧洲人创造奴隶的

地方，这是上天的旨意"。奴隶贸易的废除将为非洲的生活开
启一个崭新的时代——小威廉·皮特说到结语部分时，初升的
太阳正把万丈光芒照进下议院的窗户——它将迎来非洲文明的
曙光……这是一篇了不起的演讲，但下议院仍然决定支持"温
和派"。威尔伯福斯的动议获得一百二十五票赞成，邓达斯的
修改意见获得一百九十三票赞成。修订过的动议"奴隶贸易应
该被逐步废除"以两百三十票赞成、八十五票反对通过。不
过，废奴主义者没有对辩论的结果感到灰心丧气。仅仅用了几
年的时间就让逐步废除奴隶贸易获得了下议院绝大多数的赞成
票，这本身就是了不起的成就。不久，"温和派"中的大部分
人表达了希望逐步废除的过程越短越好的真诚愿望。邓达斯本
人则表示，希望1800年能成为奴隶贸易的终止年。经过一番争
论过后，下议院以一百五十一票赞成、一百三十二票反对确定
了终止奴隶贸易的年限：1796年。然而，废奴事业还面临着一
个最大的阻碍。比起下议院，上议院对舆论的压力要更沉得住
气。主持上议院的大法官爱德华·瑟洛是内阁成员中奴隶贸易最
坚定的支持者，也是小威廉·皮特最难对付的对手。上议院不仅
援引了乔治·罗德尼的例子来说明海军对废奴运动的敌视，还
提到了克拉伦斯公爵[①]（Duke of Clarence）及其兄弟们对法庭的反

---

① 即威廉·亨利（William Henry），后来的英国国王威廉四世（William
IV），1830年至1837年在位。——译者注

感。无论威廉·格伦维尔再怎么晓之以理、动之以情，上议院仍然找了个蹩脚的借口宣布重新听证。上议院这么做当然是为了阻止废奴的进程。会议快结束时，上议院议员才听取了七个证人的证词。还没来得及等到重新启动新一轮冗长的程序，英国就爆发了与法国的战争。废奴主义者在议会内外所取得的优势荡然无存。

毫无疑问，战争使人们有了从经济利益出发反对废奴事业的理由。要是把英属西印度群岛的稳定置于危险之中，削弱商船的力量及减少英国的商业利润，难道不是非常愚蠢的做法吗？我们难道不应该利用英国的海上实力得到法属西印度群岛和法国在奴隶贸易中所占的份额吗？然而，战争对民意的影响还不只是这些。似乎整个欧洲都因害怕再次发生恐怖事件而如履薄冰。保守势力的立场更强硬了，甚至那些开明的英国人也倾向于等到危机结束再考虑出台改革方案推行废奴事宜。在战争阴云密布的局势下，人们更容易相信一种暗示：投身废奴事业的人是在挑起革命、制造矛盾，并非真正的爱国者。早在与法国的战争开始之前，托马斯·克拉克森就在伦敦举行的一次小型公众集会上流露出同情法国大革命的看法，这对废奴事业是十分不利的。出于良知，威尔伯福斯不得不采取比政府更加温和的态度，寻求更多和解的可能。奴隶贸易的支持者便因此得意扬扬地宣称，所有废奴主义者本质上都是雅各宾派。虽然在威尔伯福斯的政治家朋友中，没有一个人会怀疑他的爱国情怀，但有不少人认为，战争期间，他居然还在讨论奴隶贸易问题，实在是有失明智。毕竟，将

第 4 章 废除英国的奴隶贸易

奴隶贸易搁置一旁已经成为共识，符合当时人们的愿望。1792
年的废奴主义热情在1793年很快消退。几个地方废奴主义中心
在报告中称，进一步采取集体行动是不切实际的。除了"共和
派"，没有人会在新的请愿书上签字。1793年冬，托马斯·克拉
克森再次踏上了漫长的宣传之旅。然而，此时人们已经不那么希
望与奴隶交易者做斗争，他们更感兴趣的是如何打败法国人。在
过去的几年，托马斯·克拉克森一直处于身心俱疲的状态。此
时，他的神经终于绷断了，整个人彻底垮了下来。接着，连奴隶
贸易废除协会中最坚定的废奴主义者也开始动摇了。1794年，奴
隶贸易废除协会只是偶尔开个会，1795年和1796年只开了两次
会，下一次开会的时间已经是1804年了。

虽然现在看来废奴事业前景暗淡，但威廉·威尔伯福斯拒
绝停止抨击奴隶贸易。此时，关于他私生活的谣言满天飞。有几
个贩奴船的船长曾经两次向他发出了决斗挑战。威尔伯福斯仍初
心未改，从一开始，他就把废奴主义斗争看成一种十字军肩上的
神圣义务。他认为，战争比从前更加坚定了一个国家的信仰，即
相信上帝能阻止人们的罪恶。当威尔伯福斯被问到关于自己的
报道是否属实，是否"在事态平息之前准备放弃为非洲穷人发
声"时，他回答道："只要真正的罪行没有停止，任何一个敬畏
上帝的人就都不会安宁。"在一次又一次的议会辩论中，他坚持
提出废奴决议，但决议一次又一次被否决。威尔伯福斯提醒下议
院，下议院曾通过决议，将1796年确定为实行奴隶贸易的最后

一年。然而，他的话没有起到任何作用。1796年过去了，一切如常。他又通过下议院提出禁止与外国开展奴隶交易的法案，但法案被上议院否决了。另一项旨在将奴隶贸易限制在非洲海岸的某个区域的法案也遭遇了相同的命运。在战争的前十年，只有两个为奴隶利益考虑的举措被采纳。一项法案规定拓宽贩奴船甲板之间的空间；如果在海上航行的过程中，奴隶的死亡率低，则对船上的奴隶主和外科医生予以奖励。另一项法案是，殖民地的总督应向当地立法机关做出改善奴隶处境的建议；这条规定激起了牙买加的激烈反抗。牙买加众议院[①]拒绝承认改善奴隶处境对结束奴隶贸易有任何帮助，因此，不愿考虑上述建议，并对帝国议会[②]干涉自己的事务提出强烈的抗议。英国议会终于不再考虑干涉牙买加的事务。奴隶贸易——更贴切地说是奴隶制重新发展起来，还被认为是不得不"必须存在"的。可以实施"缓和"的奴隶贸易政策，但不能废除奴隶贸易。1799年，威尔伯福斯向英国下议院承认，比起1787年的起步阶段，现在废奴事业的发展已经大不如前。

在废奴事业陷入低谷的时期，威廉·威尔伯福斯几乎找不到可以并肩作战的人。1797年，埃德蒙·伯克去世。在生命最后的岁月里，他一直没有放下对雅各宾派的仇恨。从1797年到

---

① 牙买加众议院是牙买加的立法机关。——译者注
② 这里是指大英帝国议会。——译者注

第4章 废除英国的奴隶贸易

1801年，福克斯和其他激进主义者离开了以抗议占上风的保守力量控制的下议院，但于事无补。我们还要提到以下几个主要政治人物。威廉·温德姆从原来的支持废奴事业转为站在"西印度群岛殖民者"这一边。乔治·坎宁[①]则勇敢地为废奴事业发声。他辛辣幽默的演讲风格使自己获得了越来越多的关注。从战争伊始，亨利·邓达斯就拒绝继续讨论奴隶贸易问题。1794年，他直截了当地告诉威尔伯福斯，自己会动用与小威廉·皮特的关系和其他同僚在政府的影响力，"至少在战争期间阻止这一问题被激化"。曾在威尔伯福斯身边的人纷纷离去，但小威廉·皮特依然对他忠诚不渝。战争还在继续，不知何时才是尽头。英国对法国大革命的反对演变成了打败拿破仑以争取国家自由的战斗。工作的负担使小威廉·皮特的精力大不如前。如果能劝服威尔伯福斯同意邓达斯的立场，等和平到来时再继续艰苦卓绝的废奴斗争，对小威廉·皮特来说，无异于卸下重担。然而，小威廉·皮特认为，只要威尔伯福斯不放弃，自己就有责任支持他。在威尔伯福斯年复一年向下议院提出废奴决议的过程中，小威廉·皮特虽然没能再发表像1792年那样精彩的演讲，但一直用演讲和投票

---

① 乔治·坎宁（George Canning，1770—1827），英国政治家，长期担任外交大臣，短暂出任首相（119天）。他是小威廉·皮特的坚定支持者，其思想倾向、行事作风深受小威廉·皮特的影响。在拿破仑战争期间，他领导英国外交部，为维护英国利益做出卓越的贡献。1827年，他成为首相，但身体每况愈下，很快病逝，成为英国历史上任期最短的首相之一。——译者注

的方式支持威尔伯福斯。

到了1800年，废奴事业陷入低谷。1801年，小威廉·皮特退出对爱尔兰事务的管理，由亨利·阿丁顿接管。阿丁顿于1792年提出的"缓和"政策如今站在了废奴事业的对立面。《亚眠和约》①的签订曾经让威尔伯福斯看到了一丝微弱的希望：谈判的大国之间说不定会考虑全面废除奴隶贸易。但事实上，《亚眠和约》使英国人确信，除非自己或拿破仑的军队被彻底打败，否则战争不会有结束的那一天。废奴事业的前景已经黯淡无光，连威尔伯福斯都不得不承认，自己再怎么宣传造势也没有用了。1800年到1803年，威尔伯福斯没有像往常那样提出决议，但让他完全没有料到的是，就在此时，局势终于出现了逆转。虽然他多年来煞费苦心地在议会面前提出废奴问题的努力没有获得成效，至少让公众没有忘记废奴问题暴露出来的严峻事实。在"战时心理"和保守势力的表象之下，从未真正消失过的仁爱善良不知何时又回到了人们的内心。政治圈外的著名人物发出了响亮的声音，例如比尔比·波蒂厄斯（Beiby Porteous）博士、坎特伯雷的福音派大主教和"功利主义运动之父"杰里米·本瑟姆（Jeremy Bentham）等。战争也不再是阻碍因素。经过十年的战争，英国

---

① 《亚眠和约》是拿破仑的哥哥约瑟夫·波拿巴（Joseph Bonaparte）与英国的康沃尔侯爵（Marquess Cornwallis）于1802年签订的休战条约。然而，和平只维系了一年的时间。1803年，法国与英国再次开战。——译者注

第 4 章 废除英国的奴隶贸易

人可以说对战争已经习以为常，不再倾向于以战争为理由来反对某些措施，并且既然拿破仑已经消灭了雅克宾主义，雅克宾主义就不能再被用来抹黑废奴事业。因利益牵连而反对奴隶贸易的队伍内部也开始出现分歧。英国在加勒比海地区的活动使自己获得了不少法国和荷兰的殖民地，但付出了沉重的代价。这些殖民地的土壤——特别是荷兰的殖民地十分肥沃，有大量可用于生产蔗糖的土地待开发。对不断壮大的"西印度群岛殖民者"来说，这些新开发的蔗糖地一旦发展起来，会让原来的英属岛屿的命运雪上加霜。由于停止非洲劳动力的供应是阻止蔗糖地发展的唯一途径，一直在反对废奴事业方面毫不让步的"西印度群岛殖民者"开始考虑改变原有的立场，同意至少在一段时间内暂停奴隶贸易。

1804年，废奴事业峰回路转。奴隶贸易废除协会再次召集会议。詹姆斯·史蒂芬、扎卡里·麦考利和亨利·布鲁厄姆（Henry Brougham）等新成员的加入为奴隶贸易废除协会做出了重要贡献。1804年5月30日，威尔伯福斯再次提出废奴法案。再次出任英国首相的小威廉·皮特[1]像以前一样支持该法案。同样支持该法案的还有重回下议院的福克斯。许多在《联合法案》[2]

---

[1] 小威廉·皮特于1804年接替亨利·阿丁顿再次出任英国首相。——译者注

[2] 这里是指《1800年联合法案》。《1800年联合法案》通过后，爱尔兰王国和大不列颠王国共同组成大不列颠和爱尔兰联合王国。英国历史上还出现过《1603年联合法案》和《1707年联合法案》。——译者注

废奴：罪恶黑三角、大国争霸与世界文明的进化

通过后来到伦敦威斯敏斯特[1]新加入议会的爱尔兰成员也希望给不损害爱尔兰利益的措施投赞成票。投票的结果与1792年形成了鲜明对比。虽然卡斯尔雷子爵[2]（Viscount Castlereagh）和威廉·温德姆及大部分"西印度群岛殖民者"表示反对，但废奴法案仍然顺利通过了第一轮审读，并在第二轮审读时以一百票赞成、四十二票反对通过，在第三轮审读时以六十九票赞成、三十三票反对通过。废奴法案很快提交给了上议院。但此时会期即将结束，未尽事宜将留到第二年再做商议。由于胜利近在眼前，威尔伯福斯和伙伴们并不计较最后一刻的拖延，但这次他们要面对的是更大的失望。由于乔治三世对福克斯不满，联盟政府[3]垮台。小威廉·皮特身体每况愈下，还不得不承受在欧洲对抗拿破仑和在伦敦威斯敏斯特对抗强硬的反对党的双重负担。因此，小威廉·皮特不愿再像从前那样在废奴事业方面花费精力和挑起争议。将亨利·阿丁顿吸纳进自己的内阁中来更是加重了小威廉·皮特的负担。1805年初，小威廉·皮特要求威尔伯福斯延后提出废奴法案。威尔伯福斯虽然毕生忠于小威廉·皮特，但

---

① 这里指代英国议会的所在地。——译者注
② 即罗伯特·斯图尔特（Robert Stewart, 1769—1822），英国政治家，曾任外交大臣，1814年至1815年代表英国出席维也纳会议，后来因工作过劳而精神失控，自杀身亡。——编者注
③ 又称福克斯–诺思联盟，由英国辉格党政治家查尔斯·詹姆斯·福克斯与托利党前首相弗雷德里克·诺思勋爵组成的联合政府。联合政府仅存在了不到一年的时间。——译者注

不愿让自己的"崇高事业屈从于某个党派的利益"。就这样，废奴法案再次被提出。在法案第二轮审读时，小威廉·皮特只反驳了法案中顺带提到的对政府的指责：在法案第一轮审读时，他未对废奴事业表示任何支持。不过，他是否保持沉默其实已无关紧要。他的观点本来就饱受指摘。决定最后投票结果的显然是奴隶贸易支持者的绝地反击和爱尔兰议员出其不意的背叛。第二轮审读过后，法案以七十票赞成、七十七票反对不予以通过。不过，废奴主义者总算获得了一个小小的胜利。在拖延数月后，小威廉·皮特终于兑现了曾经向威尔伯福斯做出的承诺，于1805年9月颁布枢密令，宣布在兼并的殖民地禁止使用新奴隶。

有人说，废奴事业早期的发展并不顺利，小威廉·皮特要对此负主要责任。这种说法并不准确。废奴事业之所以遭受重重阻碍，并不是因为小威廉·皮特本人，而是因为他无法驾驭的局面。只不过在他生命的最后一年，战争的沉重负担已经压垮了他。此时，他的精力消耗殆尽，确实已经不能为废奴事业再做些什么了。1806年1月，小威廉·皮特去世了。威廉·格伦维尔领导下的联合政府上台，而福克斯再次得到了1783年之后失去的权力。不过，他的身体也每况愈下，没能活到1806年结束。在生命的最后几个月，他决心要废除奴隶贸易。然而，在威廉·温德姆和现为锡德茅斯勋爵的亨利·阿丁顿是内阁成员的情况下，要让政府通过废奴措施仍然是不可能的。不过，包括首相在内的大部分内阁大臣支持废奴，并再次赢得了舆论的支持。1805年冬，退隐多时的托马斯·克拉克森再度开启调查之旅。他在报告中称，新一代的废奴主义者已经成长起来。他们和战前的废奴主义者一样热情高涨。《外国奴隶贸易废除法案》作为初步试行方案被提出后，在下议院和上议院得到通过。《外国奴隶贸易废除法案》代替了枢密令，将禁止奴隶贸易的规定扩展至英国在国外的殖民地。法案的通过让废奴事业的前景更加乐观。1806年6月10日，福克斯提出决议，并使用了威尔伯福斯在过去提出决议时用到的措辞。在谈及《外国奴隶贸易废除法案》的颁布时，福克斯说："在过去近四十年的时间里，我很荣幸能在议会拥有一席之地。哪怕只是完成这一项事业，我认为自己就已经对得起这份工作。从此，我便可心满意足地从公众的视线中消失而不必感到良心不安，因为我已不辱使命。"结果已没有悬念——福克斯的动议以一百一十四票赞成、十五票反对的绝对优势得到通过。当威廉·格伦维尔在上议院呈交动议后，动议又以四十一票赞成、三十票反对得到通过。显然，1807年将成为奴隶贸易终止的那一年。因此，为了防止有人出手阻挠议案，在议会会议结束之前，上议院与下议院匆忙通过了一项法案，规定禁止在奴隶贸易中使用之前未被使用的贩奴船。

　　议会在法案通过后便解散了，1806年秋天的大选[①]保持了原

---

① 1806年10月，第二届英国议会解散。1806年秋天的这次大选是为了选举第三届英国议会成员。——译者注

来的内阁组成。政府决定，把出台《外国奴隶贸易废除法案》作为新一届议会的首要举措，并且出台工作应从上议院开始。1807年1月2日，威廉·格伦维尔向上议院呈交了法案。最终颁布的《外国奴隶贸易废除法案》中的第一条规定，从1808年1月1日起，以"任何方式买卖"非洲奴隶或在将奴隶从非洲运输到其他地方的过程中买卖奴隶"被完全废除、禁止，并被视为非法行为"。任何违反上述规定的英国公民将被处以罚金。每购买、贩卖或运输一名奴隶，罚款一百英镑。《外国奴隶贸易废除法案》中的第二条规定，任何参与奴隶贸易的英国船将被没收。《外国奴隶贸易废除法案》中的其他规定指出，签订有利于奴隶贸易的保险合同将会受到惩处。用贩奴船运输奴隶将违反《外国奴隶贸易废除法案》。将奴隶从船上解救出来的海军军官和水手会得到赏金。得到解救的奴隶交由英国政府。在1807年2月5日法案的第二轮审读中，克拉伦斯公爵、现为霍肯斯伯里勋爵（Lord Hawkensbury）的查尔斯·詹金森[1]、埃尔登勋爵[2]（Lord Eldon）

---

[1] 查尔斯·詹金森（Charles Jenkinson，1729—1808），英国政治家。1761年，他进入议会，1766年担任海军大臣，不久调任为财政大臣，1772年成为枢密院顾问官和爱尔兰副财政大臣，1775年成为爱尔兰铸币厂厂长，1778年到1782年担任战争大臣，1786年至1804年担任贸易委员会主席。——译者注

[2] 即约翰·斯科特（John Scott，1751—1838），他分别于1801年到1806和1807年到1827任英国大法官。——译者注

和圣文森特伯爵①（Earl of St. Vincent）言辞激烈地抨击了《外国奴隶贸易废除法案》。圣文森特伯爵甚至一怒之下愤然走出了议事厅。格洛斯特公爵②（Duke of Gloucester）和达勒姆主教（Bishop of Durham）舒特·巴林顿（Shute Barrington）及其他七个上议院议员支持《外国奴隶贸易废除法案》。《外国奴隶贸易废除法案》以一百票赞成、三十六票反对获得通过。1807年2月23日，下议院进行第二轮审读。议事厅几乎座无虚席。大家显然下定决心要让法案通过。反对《外国奴隶贸易废除法案》的演讲则无人响应。威廉·温德姆和卡斯尔雷子爵等主要的反对者一句话也没有说。副检察长塞缪尔·罗米利（Samuel Romilly）将拿破仑与威尔伯福斯相提并论，把整场辩论推向了高潮。议事厅爆发出一阵阵热烈的欢呼声，为不屈不挠的人们终于得到回报喝彩。投票结果是压倒性的：两百八十三票赞成、十六票反对。1807年3月16日，《外国奴隶贸易废除法案》进行第三轮审读，3月23日重回上议院，25日得到乔治三世的批准③。

　　1807年的《外国奴隶贸易废除法案》于1808年1月1日正

---

① 即约翰·杰维斯（John Jervis,1735—1823），英国皇家海军上将，是七年战争、美国独立战争、法国独立战争和拿破仑战争期间活跃的指挥官。——编者注
② 即威廉·弗雷德里克亲王（Prince William Frederick, 1776—1834），英王乔治二世的曾孙。——编者注
③ 立法机关通过法案后，还需要得到君主的批准，才能正式生效。——译者注

式生效。很快，英国巡洋舰出海执行《外国奴隶贸易废除法案》。巡洋舰迅速行动，驱逐了海上大部分英国贩奴船。然而，奴隶贸易带来的暴利使一些厚颜无耻的投机者铤而走险。如果能偷偷地使哪怕一艘货船安全行驶到目的地，他们也会冒着失去一两名奴隶和因违反《外国奴隶贸易废除法案》而被罚以重金的风险。在一些内陆港口，甚至在利物浦和伦敦，都出现了负责接应贩奴船的团伙。在这样的背景下，1811年，政府出台了《外国奴隶贸易废除法案》的修正法案，规定从事奴隶贸易者将判重罪，最高可判流放。修正法案的制订获得了成效：一想到要去塔斯马尼亚岛或博特尼湾这样可怕的地方，之前屡教不改的投机商人也只好乖乖收手。1824年通过的另一项法案将从事奴隶贸易视为海盗行为及会以死罪论处的罪行。这一法案的通过主要是为了表明英国的立场并给其他国家树立榜样。由于实际作用不大，1837年，这一法案被取消。

在宣传废奴的过程中，格伦维尔·夏普、托马斯·克拉克森和威廉·威尔伯福斯等人组成的小圈子打开了英国人的眼界，让他们看到了奴隶贸易的残酷真相。约翰·韦斯利、亚当·斯密、比尔比·波蒂厄斯博士和杰里米·本瑟姆这样的有识之士在公共场合抨击奴隶贸易；小威廉·皮特、查尔斯·詹姆斯·福克斯和埃德蒙·伯克领导的下议院转而从原则上支持废奴事业。这样看来，英国奴隶贸易的末日已经注定。法国大革命和英法战争延缓了废奴事业成果的到来，这是意料之中的。让人惊叹的是，如此庞大、根深蒂固、带来了巨大利润的商业运作——曾得到有权有势的既得利益者的大力支持，竟然会在废奴运动开始的仅仅二十年后就被终结。此时，英法战争正处于关键阶段，而就在不久前，奴隶贸易还被看作能永久维系欧洲文明的因素。

CHAPTER V

第 5 章

废除英国殖民地的奴隶制

奴隶贸易的废除本身是一件了不起的成就。不过，对推动废奴运动的人来说，废奴运动一直都是通往更伟大目标的手段。1823年，威廉·威尔伯福斯曾说："奴隶的解放是所有带头为废除奴隶贸易发声的人的最终目标。"还有一次，他引用了小威廉·皮特、查尔斯·詹姆斯·福克斯、格伦维尔·夏普和查尔斯·格雷的话，认为奴隶贸易一旦废除，奴隶制本身也会逐渐削弱直至消失。由于没有了从非洲运来的新奴隶，种植园主不得不善待现有的奴隶，尽可能延长他们的寿命和服务年限，使出生的奴隶数量超过死亡的奴隶数量。种植园主要避免奴隶劳累过度或受到残酷惩罚，并鼓励奴隶结婚生子。为了不与家人分开，奴隶希望一直留在土地上，渐渐地，他们的身份由奴隶变成了农奴。最后，随着生活条件渐渐改善，奴隶可以从农奴向完全自由身份过渡。

如果种植园主能听从理性的声音，那么奴隶最终成为自由人是完全合情合理的。然而，大部分种植园主现在处于愤怒之中，根本不愿改变现状。虽然废奴主义者普遍没有直接抨击奴隶制，可要抨击奴隶贸易，就避免不了批评奴隶制。奴隶主对这种批评深恶痛绝。他们越是厌恶批评，越是证明了批评的客观。议员克里斯普·莫利纽克斯（Crisp Molyneux）是对批评的反击最激烈的人之一。有人认为，他在下议院对詹姆斯·拉姆齐人格的诽谤加速了詹姆斯·拉姆齐的死亡。后来，克里斯普·莫利纽克斯在圣克里斯托弗岛给儿子写的信中提道："拉姆齐已死。我杀死了他。"种植园主如此憎恨人道主义运动领袖，以至他们对支持威尔伯福斯及其合作者的强大舆论后盾视而不见。这种罔顾事实的做法使种植园主犯了一个致命的错误。如果种植园主能早点认识到自己现在面对的并不是少数虔诚的狂热分子心血来潮的想法——种植园主有意将废奴主义者看成这样的人，而是清醒的英国人的仁爱之心；如果种植园主学会收起骄傲，冷静地为自己的利益考虑；如果种植园主肯花心思让奴隶过上更好的日子，奴隶制的终结之日也许不会这么早到来。但种植园主压根没有这样做，反倒变得更加冥顽不化，拒不承认任何英国人或议会有权干涉自己的权利。他们希望能随心所欲地处置属于自己的财产。无论关于"缓和"政策的建议多么温和，在种植园主眼里都无异于要坦白自己的罪过，承认那些可恨的好事者比自己更懂得如何对待奴隶。种植园主的做法事实上是一种赤裸裸的反抗，而一旦选择这种做法，他们就失去了拉拢英国民意的机会。英国人骨子里是谨慎、公正的，宁愿看到折中的方案，而不喜欢采取激进的路线。虽然奴隶制被废除的命运不会改变，但如果种植园主不这么固执，奴隶制的废除将是一个漫长的过程，正如废奴主义者所料想的那样。种植园主的行为使奴隶制的废除成为必然，并且加速了奴隶制的废除。

拿破仑战争尚未结束，西印度群岛就传来各种消息：1807年与1811年分别通过的《外国奴隶贸易废除法案》及其修正法案和英国海军高度负责的执法并没有让种植园主痛改前非。于是，1815年，废奴主义者做了两件事。第一，上议院、下议院投票通过一份呈交给英国政府的咨文，提出希望殖民地议会为改善奴隶的健康、道德观和宗教观做出努力，让更多奴隶成为信教者。乔治·坎宁在给种植园主的演讲中说，这意味着"你们现在不会遭到英国议会的干涉。你们要按要求去做"。但种植园主并没有按要求去做。在殖民地的立法机关中，只有一两项在"奴隶法规"①中加入了一些不起眼的改进措施。英属岛屿上几乎没有人认为与废奴有关的法律会一直保留下来。第二，威尔伯福斯提出了一项法案，旨在通过将奴隶强制登记在案以阻止非法运输新奴隶的行为。这项法案提供了一种既简单又有效的解决方案，最初由詹姆斯·史蒂芬构思，并于1812年应用于特立尼达，后又应用于圣卢西亚。与其他英属殖民地不同的是，圣卢西亚、德梅拉拉和伯比斯——德梅拉拉与伯比斯后来联合成为英属圭亚那——是没有立法机构的直辖殖民地，因此，要服从唐宁街颁布的枢密

---

① 奴隶法规是关于奴隶制和被奴役的人的法律。大多数奴隶法规关注的都是自由人对被奴役者的权利和义务。——译者注

令。法案遭到了"西印度群岛殖民者"的强烈反对。他们否认任何走私奴隶的行为，并谴责这一法案是对他们自由的肆意侵犯。卡斯尔雷子爵劝下议院允许英属殖民地立法机构建立自己的登记系统。这次，英属殖民地照办了。不过，只有多巴哥岛和格林纳达岛采用了在特立尼达行之有效的登记系统，其他英属岛屿则无视贩卖没有登记在册的奴隶是非法行为的规定——这是法案中非常重要的一项规定。部分英属岛屿，尤其是牙买加，几乎没有做出任何完成登记或执行登记政策的努力。于是，1819年，英国议会通过强制性规定：登记册的复本必须存放在伦敦，任何将奴隶贩卖或抵押到英国的行为被视为无效。

与此同时，围绕奴隶制展开的新一轮讨论再现了首次抨击奴隶贸易时紧张激烈的局面。威尔伯福斯在国人之中的声望完全不输威灵顿公爵[①]（Duke of Wellington），但英属殖民地的媒体故技重施，向威尔伯福斯大泼污水。媒体措辞激烈的言论再次挑起了奴隶的情绪。谣言在一个又一个岛屿上的奴隶中间纷传，说奴隶主剥夺了英国议会已经给予自己的自由。巴巴多斯岛上的奴隶发动起义，破坏了大片甘蔗园和约六十处庄园上的宅邸。没有白人被杀。军队轻而易举地镇压了起义。在镇压的过程中，几百名奴隶被杀，还有许多被俘虏受到审判和被处以极刑。种植园主搬

---

① 即阿瑟·韦尔斯利（Arthur Wellesley, 1769—1852），英国政治家、军事家，保守派领袖，两次出任英国首相。他是在滑铁卢战役中击败拿破仑的指挥官之一。——编者注

出了以前的旧说辞：这些英国无可救药的好事者是在玩火，瞧瞧
他们干的好事。

威尔伯福斯当然不会被这些人身攻击吓倒。不仅如此，在
观察历史如何重演的过程中，他开始思索，正如奴隶贸易一
样，奴隶制走"缓和政策"的道路是不切实际的，废除奴隶制
才是唯一出路。1818年初，要求不拖泥带水的"解放"的想法
第一次出现在他的私密日记中。不过，由于战后的生活匮乏和
国内的动荡才是现在人们关切的主要问题，因此，威尔伯福斯
暂时没有选择直接提出自己的想法，而是一心为一场正面攻击
做准备。他不断列出新的证据，证明"没有实施缓和政策的"
奴隶制是如何残酷戕害奴隶的。议会首先关注了这些证据，接
着媒体和大众也开始关注起来。威尔伯福斯和塞缪尔·罗米利提
交了关于奴隶待遇的文件。在撰写文件的过程中，两人引述了官
方记录中的内容，其中不乏奴隶遭受惨无人道的虐待，以及地方
法院放任奴隶主行为的例子。塞缪尔·罗米利在回应埃德蒙·伯
克对奴隶法规的批评时说："这些表面上看起来冠冕堂皇的法律
不仅没有被执行，甚至其制订者根本不打算执行。"塞缪尔·罗
米利还援引了多米尼加总督乔治·普雷沃斯特（George Prevost）
的观点，认为在多米尼加刚刚通过的一项缓和法案的唯一目的便
是"阻止国家干涉奴隶的管理"。威尔伯福斯等人做出的努力获
得了人们的肯定，同时获得了成效。体现出人道主义精神的议
会正在立法，以减轻刑法骇人听闻的惩戒力度，使小偷不必被

带上绞刑架，还规范童工工作，不对动物施以暴行。在这样的氛围中，正如奴隶贸易在三十年前向世人展示的那样，奴隶制也一定会向世人展示更多背后的事实。许多奴隶遭受虐待已经成为不争的事实。难道现在还要否认议会是奴隶得到保护的唯一希望吗？

威尔伯福斯还没来得及回应这一关键的问题，就不再在议会废奴的运动中扮演领导角色。他的身体一直比较虚弱，再加上在下议院长时间的工作及糟糕的空气，健康受到了严重影响。1821年，在咨询了詹姆斯·史蒂芬和其他几个密友的意见后，威尔伯福斯写信给福韦尔·巴克斯顿，邀请他在议会中担任废奴运动的主要领袖。巴克斯顿用最近的表现向人们证明，他已经是下议院的年轻议员中最富感召力的演讲者之一。

从外表来看，威尔伯福斯和巴克斯顿几乎没有任何相似之处。威尔伯福斯"身材矮小"、瘦弱、驼背，福韦尔·巴克斯顿则高大魁梧，总是昂首挺胸。同学们都叫他"大象巴克斯顿"。巴克斯顿不像威尔伯福斯那样声音清脆，说话收放自如，思维缜密敏捷。他在政坛中的魅力主要来自他的性格。由于花了不少工夫，又肯动脑筋，他的演讲就像他的身形一样，"块头"庞大。威尔伯福斯曾用"从一块岩石上劈出雕像"来形容巴克斯顿在下议院的工作。詹姆斯·麦金托什（James Mackintosh）说，巴克斯顿的演讲是自己听过的演讲中"最有感染力"的。在对待生活的态度、对公众的责任，尤其是对宗教信仰的虔诚方面，资历深厚的威尔伯福斯和初出茅庐的巴克斯顿惊人的相似。与威尔伯福斯一样，他很小就失去了父亲。身为贵格会教友的母亲安娜·汉伯里（Anna Hanbury）给他灌输了严谨勤勉的人生哲学。他一辈子也没有忘记过母亲的教诲。他的一位朋友后来曾说："他从来都不是个孩子"。巴克斯顿与诺福克的贵格会圈子来往甚密。诺福克的贵格会教友主要来自厄勒姆的格尼家族（Gurney family）。巴克斯顿与哈拿·格尼（Hannah Gurney）的婚姻、与妻子的姐姐伊丽莎白·弗赖伊（Elizabeth Fry）及内弟塞缪尔·霍尔[①]的友谊，这些关系让他更加笃信自己的宗教信仰，也坚定了未来的人生之路。他并不是个自命清高、假装虔诚的人。在这一点上，他像极了威尔伯福斯。巴克斯顿沉浸在生活给自己带来的喜悦之中，尤其喜欢乡绅式的生活。他喜欢带着自己的猎犬骑马打猎，对所有户外运动都十分热爱。然而，为了不负公众所托，他毅然从乡野来到了伦敦。在认定了议会是"最能为君主效力的地方"后，1818年，三十二岁的巴克斯顿当选为韦茅斯郡议员。之后，他便开始为监狱和刑法典改革不知疲倦地奔走。威尔伯福斯通过格尼家族的关系与巴克斯顿结识。看到他取得的工作成绩后，威尔伯福斯提出让他领导废奴运动。深受母亲影响的巴克斯顿憎恶奴隶制，加上从小受

---

① 塞缪尔·霍尔的妻子路易莎·格尼·霍尔（Louisa Gurney Hoare）是福韦尔·巴克斯顿的妻妹。——译者注

人道主义思想的熏陶，自然会把支持废奴事业当成天经地义的事情。他认为议会的废奴工作可以放心交给威尔伯福斯，于是将精力和时间用在了其他地方。当巴克斯顿被委以重托，要从威尔伯福斯手中接过注定的大任时，事事考虑周全的他对自己的能力没有把握，因此没有立刻回应。要知道，威尔伯福斯可是他和朋友们最景仰的公众人物。巴克斯顿首先要做的是了解手头的工作。在一年多的时间里，他将所有空闲时间都花在了研究与奴隶制有关的书籍、小册子和报道上。1822年秋，他终于下定决心。当时，威尔伯福斯和扎卡里·麦考利来到克罗默庄园，最后一次努力劝说他。巴克斯顿打断了两人的话，答应领导废奴运动。这是一次历史性的会面，让人不禁想起三位旧友在霍姆伍德的橡树下见面的场景：巴克斯顿的决定之所以有分量，是因为他的决定从来不是轻率之举。许多在幕后辛勤工作的热心人士像曾经对待威尔伯福斯一样，为巴克斯顿提供了"武器和盔甲"，但在公开场合的废奴斗争的苦与累主要由巴克斯顿一人默默承担。

　　一旦领导者选好，废奴主义者便开始马不停蹄地计划下一步工作。他们手中可以用的力量比当初反对奴隶贸易时要强大得多。1787年的奴隶贸易废除协会只有十二名成员，其中九名为贵格会教友。成员中没有人知道如何游刃有余地应对公众的不安情绪，也无一人是政坛的显要人物。1823年的废奴协会的成员组成同样以贵格会教友为核心，但除了贵格会教友，大量职位显赫的公众人物也加入了进来。格洛斯特公爵担任废奴协会主席。在副主席成员名单中，有五人是上议院议员，十四人是下议院议员，不仅包括威尔伯福斯、托马斯·克拉克森、威廉·史密斯、托马斯·巴宾顿和詹姆斯·史蒂芬等一批"老卫士"，也包括巴克斯顿和亨利·布鲁厄姆这样的新人。1823年的情况与1787年相比已经有了很大的不同。废除奴隶贸易的斗争本身并没有带来奴隶制的废除，但为奴隶制的废除铺平了道路。废除奴隶贸易的第一次斗争唤醒了英国民众的良知，使各个行业和各个阶层的人团结起来共同推动人道主义运动，并启迪了民众的心智，为民众响应第二次废奴事业的号召做好准备。除了完成废奴目标，废除奴隶贸易的第一次斗争还教会了废奴主义者如何激起民众的情绪。对原有阵线的宣传很快便收获了民心。托马斯·克拉克森等废奴协会资深成员遍访英国。各个郡建立了废奴协会分支机构。请愿书如雪片般纷纷向威斯敏斯特飞来。1823年，威斯敏斯特宫共收到二百二十五份请愿书，1824年共收到近六百份。相关的文献也陆续问世，其中最著名的是威尔伯福斯演讲时开篇宣言引用的《替西印度群岛的黑奴向大英帝国的居民呼吁宗教、正义和人性》，这是一本内容充实的小册子，于1823年5月发表。1824年，詹姆斯·史蒂芬撰写了两卷专著《阐述英属西印度群岛殖民地的奴隶制》并发表。此外，废奴主义者现在还有了足够的人手和资金创办了《废奴每月报告》。1823年，《废奴每月报告》首版，1825年由扎卡里·麦考利编辑后再版。《废奴每月报告》定期向公众提供大量最新事实，成了废奴主义者手中更加有效的新宣传工具。与其他宣传机构不同的是，由于《废奴每月报告》的编辑是不知疲倦、一丝不苟的扎卡里·麦考利，《废奴每月报告》列举的事实是值得信赖的。人们公认："麦考利的任何话都可以当成福音被引用。"就这样，从1823年起的每一年，整个英国的舆论都在不断施加压力。舆论还希望议会认识到采取重大立法行动的必要性。这一幕与从1785年到1792年的情景何其相似。

同时，反对废奴的力量并没有变强，甚至可以说从1807年遭遇失败后就开始式微。种植园主的生活与生计再次受到影响，并且比第一次更加严重。他们的反抗比从前充满了更多喧哗与骚动。在伦敦，正在为种植园主争取利益的西印度委员会仍然将下议院一个非常有权力的团体的选票牢牢握在手中。西印度委员会背后有在英属岛屿拥有财产或抵押物的既得利益者的支持。然而，不可战胜的经济力量削弱了既得利益的价值与分量。1807年，英属"产糖群岛"由盛转衰的命运不可避免地到来了，并且没有停下来的迹象。土地资源的耗尽、来自古巴和巴西进口蔗糖的竞争及欧洲的甜菜糖，重创了英属岛屿既得利益者的主要产业。各种援助、出口补贴、降低进口关税的做法，对提振主要产业的发展均收效甚微。一种事业如果没有取得成功，就很容易失去人们的支持。虽然奴隶制还不能说真正失败，但留在英属"产糖群岛"上的人逐渐陷入贫困，这足以让那些怀疑政治上和财政上"在烂摊子里继续投入"的做法是否合适的人冷静思考。此外，做蔗糖交易的"西印度群岛殖民者"现在有了自己的敌人。东印度公司生产的蔗糖虽然质量稍逊，但价格上占据更大优势。如果不是有特殊关税保护东印度公司的老对手，东印度公司生产的蔗糖早就抢占一大块英国市场份额。现在，所有生活在英属印度的英国人都不得拥有奴隶。东印度公司虽然还不打算抨击印度的奴隶制这一敏感问题，但已体现出仁慈的一面：从1818年起，东印度公司解放了所有在圣赫勒拿、锡兰和明古连的奴隶后代。1818年以前，这些地方的奴隶后代仍然受东印度公司掌控。因此，要求得到同等财政待遇的"东印度群岛殖民者"对"西印度群岛殖民者"的抨击多多少少是出于真心。于是，"东印度群岛殖民者"加入废奴主义者的队伍，高喊"自由种植"的蔗糖与"奴隶种植"的蔗糖竞争。"东印度群岛殖民者"的议会领袖托马斯·惠特莫尔（Thomas Whitmore）成了废奴协会的副主席之一。他反对奴隶制的动机无疑是真诚的。如同针对奴隶贸易的斗争的最后阶段一样，在针对奴隶制的斗争中，商业利益的天平不会只倒向一方。

1823年3月19日，下议院召开会议。第一步工作是重新审议由威尔伯福斯提交的来自贵格会教友的请愿书。1823年5月15日，巴克斯顿发表了言辞犀利、论证有力的长篇演讲。在演讲的结束部分，他说道：

奴隶制的现状与英国宪法和基督教原则格格不

入。整个英属殖民地的奴隶制应当被逐步废除。在此过程中，必须充分尊重有关各方的利益。

接下来的辩论再次与之前的辩论形成巨大反差。没有人敢说奴隶制是必须存在的，或者奴隶制无法废除之类的话。"西印度群岛殖民者"的领袖查尔斯·埃利斯（Charles Ellis）所能要求的只是：废除奴隶制的过程应像废奴主义者曾经希望的那样，是一个"渐进式缓和"的过程，直到"逐步实现全面的奴隶自由"。"奴隶主而非奴隶将成为自愿解放奴隶的人"。但最大的改变是来自英国政府的态度。乔治·坎宁以外交大臣和下议院领袖的身份发言。他不用像小威廉·皮特那样，将奴隶制是否应该存在这样的问题留给议员讨论。与巴克斯顿一样，乔治·坎宁严厉谴责了奴隶制的罪恶，宣称政府希望并准备废除奴隶制。接下来，会议拟订了"奏效的、决定性的"缓和措施，通过"果断坚决而不失审慎温和的方案"逐步废除奴隶制。这样的措辞听起来掷地有声，但巴克斯顿并不满足，希望采取更激进的手段以更快获得成效。下议院肯定是支持乔治·坎宁的，于是巴克斯顿撤回了自己的动议。其实，在废除奴隶制斗争最开始，政府或议会采取这样有力的行动已经很难得了，毕竟奴隶制的废除不啻西印度群岛的一场社会和经济革命。议会利用帝国权力强制执行废奴措施，而不给殖民者一次自己发起革命的机会，是否有失公允呢？在绝大多数议员对废奴的必要性深信不疑之前，议会先发制人，是否真的明智呢？要让所有人确信废除奴隶制的必要性将要花上十年的时间，而让所有人确信废除奴隶贸易的必要性则花了二十多年时间。

乔治·坎宁政策的实施经历了三个不同阶段。战争与殖民地大臣亨利·巴瑟斯特（Henry Bathurst）将议会决议和乔治·坎宁的演讲稿分发给西印度群岛的各总督，并给德梅拉拉总督约翰·默里（John Murray）寄去了一封急件。急件指出，希望关于奴隶制的改革措施能在自愿的基础上迅速推进，特别提到禁止用鞭子抽打正在集体劳作的奴隶和惩罚女性奴隶。这封急件很快激起了连锁反应。有人居然建议不再使用鞭子，这让种植园主怒不可遏。扎卡里·麦考利曾把种植园主手中的鞭子称为"奴隶制的重要标志"。种植园主发起了比以前更加激烈的行动，谴责来自英国的一切干涉力量。牙买加众议院的一个议员提议，解聘亨利·巴瑟斯特。还有人强烈要求将牙买加从大英帝国分离出去。最后议会不得不发出咨文，称现有奴隶法规已为保证奴隶"和世界上任何地方的劳动阶级一样幸福惬意地生活"提供了一切可能。几周后，牙买加当局坚定地认为，这些过着幸福惬意生活的奴隶正在策划一场起义。在证据严重不足的情况下，十一名奴隶被绞死。巴巴多斯岛上愤怒的种植园主没有把奴隶当成发泄愤怒的出口，而是把矛头指向了卫理公会传教士威廉·施鲁斯伯里（William Shrewsbury），只因他在提交给英国议会的报告中玷污了种植园主的名声。一群主要由"贫穷的白人"组成的暴乱分子肆意阻挠施鲁斯伯里的传教活动，驱散在教堂做礼拜的人。在发现地方执法官并没有采取对施鲁斯伯里的保护措施后，暴乱分子破坏了施鲁斯伯里传教的教堂，逼他离开了巴巴多斯岛。

以上各种暴力活动和残忍行为的出现不仅来自英国干涉引发的愤怒，还可能有一个更重要的原因，那就是种植园主害怕英国的干涉给奴隶造成影响。这种害怕虽然不免有些夸张，但并非空穴来风。废奴主义者在确定奴隶懂得鞭刑的意义之前，是决不会贸然建议取消使用鞭子的。事实上，亨利·巴瑟斯特的急件并没有马上公之于众，这引发了人们更加夸张的猜想。种植园主老生常谈的话题又开始四处传播——奴隶主拒绝承认由国王赐予奴隶的自由——给殖民地带来了非常严重的后果。巴巴多斯岛约有一万三千名奴隶参加起义，在白人的私有土地上将白人关起来，搜寻房子里的武器，还杀死了两个奋力抵抗的监工。除此之外，没有发生抢劫和纵火行为。当地出动了军队镇压。在几天的斗争中，一名士兵受伤，一百名奴隶被杀。由于伦敦传道会的传教士约翰·史密斯（John Smith）在奴隶中的声望，起义队伍总的来说非常克制。然而，起义者遭受了严厉的惩罚。军事管制持续了好几个月。在此期间，四十七名奴隶被绞死，还有许多奴隶受到鞭刑并被投入监狱。起义发生五个月后，按理说种植园主冲动的情绪本应渐渐平静，可仍有三名奴隶被判每人挨一千次鞭子，其中两人要终生戴着铁链干活，另一人要戴七年铁链。史密斯因被指控挑起叛乱而被判死刑。巴巴多斯岛总督向英国政府求情，请求对史密斯网开一面。还没来得及等到回复，患有肺痨的史密斯禁不住长期囚禁的折磨，死在了狱中。

在各处动荡不安的消息传到英国后，废奴事业遭受了打击。对废奴事业领袖的谩骂再次不绝于耳。有人甚至指责是废奴事业领袖挑起了巴巴多斯岛的起义。巴克斯顿写道："我认为自己很有可能是下议院最不受欢迎的人了。"在这样的氛围中，英国政府虽不至于被吓到完全废止原来宣布的政策，但做出废奴进程需缓慢谨慎的决定，这在情理之中。在乔治·坎宁政策推行的第二个阶段，1824年3月16日，乔治·坎宁宣布颁布枢密令，规定了关于奴隶待遇的更细化的全新法规。与所有现有法规相比，此法规是一次巨大的进步：指定一个官员在所有重大法律程序中以"奴隶的保护者和守护者"的身份作为奴隶的代表出庭；在有保护措施的情况下，奴隶可以出庭作证；禁止用鞭子抽打正在劳作的奴隶和惩罚女性奴隶；限制死刑数量，要求保存关于死刑的记录；禁止因贩卖奴隶导致奴隶家庭破裂，鼓励奴隶结婚、奴隶主自愿释放奴隶。枢密令实际上是彻底的"缓和"纲领，但仅在直辖殖民地推行——一开始是在特立尼达，然后是在其他三个直辖殖民地。乔治·坎宁认为其他殖民地及其立法机构会自愿采取和特立尼达同样的改革，于是向其提议，继续实施自己的"温和但权威的告示"。像从前一样，此举很快激起了千层浪。虽然有钱的种植园主现在支持改革，但牙买加众议院多次坚决否决了允许奴隶作为证人的法案，宣称此时"不利于采取任何干涉长期存在的机构的做法"。巴巴多斯岛众议院通过了一项新的奴隶法，但它存在诸多缺陷，甚至在某些方面让奴隶的处境变得更加糟糕。伦敦方面很快否决了巴巴多斯岛众议院的奴隶法。总的来说，截至1826年，除了多巴哥岛、圣文森特岛和圣克里斯托弗岛等几个奴隶人口较少的小岛，乔治·坎宁的"缓和"政策几乎没有取得任何成效。

似乎1823年乔治·坎宁推行的政策发展到第二个阶段时，已经没有了第一个阶段的势头，甚至让前面的工作都付诸东流。但事实上，废奴运动受到的阻碍只是暂时的。持理性观点的人开始思索："缓和"政策是否真的奏效；会不会像从前那样，每向前一步就会激起种植园主的争论和谩骂及奴隶的不安和起义；是否产生的危险后果积累到一定程度后，会像种植园主所说的那样，成为促成而不是延迟奴隶解放的论据。在连续三届议会会议中，下议院不得不听取有人事无巨细地逐一列举关于种植园主在现有制度下的可做之事和已做之事，解放奴隶的想法也因此日臻成熟起来。1824年，约翰·史密斯案重新审理。亨利·布鲁厄姆充分利用自己的法律专业知识，使出了浑身解数大声谴责司法不公。参加审理的观众心里都明白，对约翰·史密斯的审判并没有真正伸张正义。1825年，对威廉·施鲁斯伯里受迫害一事的审议被提上日程。这次又是亨利·布鲁厄姆为主要发言人。他强调，威廉·施鲁斯伯里无法寻求普通的法律保护。1826年，托马斯·登曼（Thomas Denman）提出了在牙买加的奴隶被处以极刑的问题。他有力地论证，牙买加的奴隶被绞死的依据如果放在英国的治安法庭，连判拘留都不够。所有对以上三个案子的辩护都显得苍白无力。乔治·坎宁用冷静巧妙的发言阻止了人们将谴责的对象一边倒地指向殖民地的管理。然而，废奴主义者仍然赢得了这场战斗。也可以说，这场战斗是种植园主帮废奴主义者打赢的。种植园主违背的是英国最根深蒂固的传统之一——对法律和正义的尊重。大英帝国的子民居然会遭受这样非法和不公正的待遇，这实在是不可忍受的非正常现象。在审理牙买加的奴隶被处以极刑的案子时，一个来自西印度群岛的议员承认："在下议院，人们只有一个感觉，那就是法律的现状完全不堪一击。"但最让议会内外的人们印象深刻的是约翰·史密斯案。约翰·史密斯案给人们的心理造成的冲击不亚于约翰·布朗（John Brown）的命运给人们带来的影响。可以说，约翰·史密斯案成为废奴思潮形成最后一股强大洪流的决定性因素。

废奴思潮已经势不可当。1826年春，来自伦敦的七万两千人在一份废奴请愿书上签名，并将其提交给了议会。巴克斯顿对请愿书中的内容表示支持，并说："下议院必须全力以赴，要么就干脆把请愿书抛在一边。"乔治·坎宁仍然没有放弃做最后的尝试，第三次试图为他备受指责的1823年政策正名。所有直辖殖民地的官员接到指示，要求在地方立法机构提出体现特立尼达枢密令精神的法案。为了造成更大的声势，上议院受到邀请，以对1823年的决议予以确认。上议院议员们欣然应允。即使是身为大法官的埃尔登勋爵也找不到为奴隶制辩护的理由。要知道，他自始至终都在维护奴隶贸易。他说："看在上帝的分上，只要能保证不出差错，让奴隶制赶紧被废除吧。"然而，即使在越来越多的人走向奴隶制对立面时，种植园主仍不肯屈服。他们毫不犹豫地拒绝了各种官方法案，坚持继续修订和巩固有利于自己的奴隶法规。然而，这些奴隶法规几乎无一例外地忽视了被英国政府和议会认为最关键的"缓和"因素。在接下来的一两年中，闹剧还在不断上演。1828年，亨利·布鲁厄姆在下议院发言时称："殖民地的进展[①]实在是太缓慢了，除了他们自己[②]，谁都看不下去了。"其实种植园主还是促成了一个变化：他们让不管多么有耐心或理性的人，都对1823年的政策彻底失去了信心。

议会并未立即对1826年英属殖民地公然藐视权威的态度做出反应，主要是考虑到国内的政局不稳。内阁成员更换频繁。1827年4月，乔治·坎宁成为英国首相，并于同年8月去世。戈德里奇子爵[③]（Viscount Goderich）接任首相，接着由威灵顿公爵接任。上述几届政府把主要工作重心放在处理国内事务上——先

---

① 这里是指废奴事业的进展。——译者注
② 这里是指种植园主。——译者注
③ 即弗雷德里克·约翰·罗宾逊（Frederick John Robinson, 1782—1856），英国政治家，曾任贸易委员会主席、财政大臣、上议院领袖、战争与殖民地大臣和首相。——编者注

第 5 章 废除英国殖民地的奴隶制

是天主教解放，然后是宗教改革。乔治·坎宁之后的托利党大臣不如乔治·坎宁的内阁大臣开明。比如罗伯特·皮尔（Robert Peel），似乎不像乔治·坎宁那样，认为"缓和政策"一定会走向"废奴"之路。威灵顿公爵的战争与殖民地大臣乔治·默里（George Murray）爵士曾说，希望在推行"缓和"政策时，"不要节外生枝才好"。不过，以上迹象并不意味着废奴事业在这些年停滞不前。乔治·默里爵士在发给殖民地总督们的一封加密文件中承认，如果殖民地立法机构无法给出赞同1823年政策原则的任何证据，"殖民地的人们的积怨将很快爆发，并且一发不可收拾"。局势失控后，还会有强大的外部力量助长局势向更糟糕的方向发展。紧要关头，反对废奴的人的做法再次促进了废奴事业的发展。不过，这次向英国人民展示奴隶制罪恶的不是西印度群岛的种植园主，而是毛里求斯岛的法国种植园主。这些法国种植园主用从马达加斯加岛和东非贩来的奴隶维持走私交易。不仅如此，他们对待奴隶的方式也极其残忍。虽然毛里求斯岛是直辖殖民地，忧心忡忡的总督查尔斯·科尔维尔（Charles Colville）为了安抚种植园主强烈的反英情绪，未能执行战争与殖民地大臣弗雷德里克·约翰·罗宾逊将特立尼达的"缓和"模式应用到毛里求斯岛的指令。"毛里求斯岛案"成了一桩丑闻。扎卡里·麦考利在《废奴每月报告》的专栏中列举大量事实，详细描述了"毛里求斯岛案"。福韦尔·巴克斯顿则在下议院披露了"毛里求斯岛案"背后的肮脏细节。由于在"毛里求斯岛案"上花费了巨大

129

的心血，他的身体因此垮了下来，在一年多的时间里，他没有采取进一步行动。不过，巴克斯顿在1828年又开始战斗。在做过调查后，政府很快不得不承认，巴克斯顿的指控是真实的。议会和民意又一次受到震撼。乔治·史蒂芬宣称，针对奴隶制的其他宣传效果跟"此次调查结果引发的激动和愤慨相比"，简直算不了什么。

就这样，1830年，停止殖民地政府一直以来滥用英国政府政策的运动及废除由来已久的英国奴隶制的运动来到了最关键的时刻。1830年5月15日，废奴协会在伦敦召开了一次大会。已年过七旬并且非常虚弱的威尔伯福斯主持了关于托马斯·克拉克森动议的表决，亨利·布鲁厄姆和其他废奴运动领袖准备发言。巴克斯顿像往常一样，提议"尽早"废除奴隶制。可人们很快发现，对参加会议的大部分年纪更轻的成员而言，仅有提议还远远不够。虽然"年纪更大的政治家们"提出抗议，极力反对采取草率激进的路线的做法，但在人们雷鸣般的喝彩声中，一项要求立即废除奴隶制的修正案得以通过。但修正案的要求是不可能实现的。议会改革危机四伏，近在眼前。在英国阴云密布、人人心事重重的日子里，要让首相查尔斯·格雷及其内阁成员处理海外殖民地的奴隶制问题简直是荒谬。1831年，内阁再次打击了"缓和"政策。事到如今，"缓和"政策真的停滞不前了。所有直辖殖民地必须执行一项修改过的更严苛的枢密令。有"立法机构"的殖民地被告知，如果把这一枢密令当成当地的奴隶法规使用，它们将获得长久以来一直盼望的降低的蔗糖贸易关税。执行枢密令带来的后果可想而知。即使辉格党的胜利也无法让种植园主认清局势的发展。在直辖殖民地，新的枢密令遭到了有组织的反抗，律师和商人加入了种植园主的队伍，要求暂停执行枢密令。圣卢西亚的店主罢市整整一周。在其他殖民地，与原来的诫示和指责一样，新出现的贿赂现象同样遭到强烈的抵制。在牙买加，有人提议设立一支永久的民兵组织，以确保牙买加并入美国。圣克里斯托弗这个小岛以贫穷为借口提出恐怕无法执行，在其他地方，所有英国政府的提议也全被毫不留情地拒绝了。基于和从前同样的原因，白人再次被激怒，黑人奴隶不安的情绪也随即爆发。1831年底，牙买加的紧张局势一触即发。1832年1月，约五万名奴隶进行反抗。有三四名白人在自己的房子里被杀或被烧死。十名白人在冲突中被杀。约四百名反叛的奴隶被杀，另有约一百名反叛的奴隶被处死。虽然没有足够的证据对传教士提出指控，但传教士再次被看成是起义的始作俑者。有几名传教士被人群围住后驱逐出境。十四座礼拜堂被毁。这场以悲剧谢幕的起义与从前何其相似。只是这次人们的道德观已与从前大相径庭。大部分英国人开始把这些造成人员伤亡的事件看成为废奴辩护的理由而非反对废奴的理由。

　　与此同时，人们对废奴事业展开了更加充分和广泛的讨论。除了1831年到1832年冬天改革最艰难的阶段，伦敦的废奴协会及其在各大城市的分支持续展开深入宣传。1831年设立的机构委员会成员主要由思想更加激进的年轻一代废奴主义者组成。从此，废奴事业的宣传更加激进。机构委员会主要负责人为乔治·史蒂芬和三个贵格会教友——伊曼纽尔·库珀（Emanuel Cooper）、约瑟夫·库珀（Joseph Cooper）和约瑟夫·斯特奇（Joseph Sturge），其主要运作经费同样来自贵格会教友。机构委员会雇用了一些"代言人"。代言人的工作有的是有偿的，有的是无偿的。机构委员会向代言人简要介绍废奴的情况后，便派他们去全国各地演讲。女人也被派去四处演讲，这实在是闻所未闻之事，让不少上了年纪的人皱起了眉头。一份有十八万七千份签名的请愿书就主要是两位女性游说者的功劳。宣传起到了显著的效果，尤其是在英格兰中部。约瑟夫·斯特奇的影响力就从家乡伯明翰一直辐射到了英格兰中部。在一年的时间内，机构委员会下属的协会数量就从原来的两百个增加到了一千三百个。专职的废奴主义者不再是唯一为废奴事业发声的人。在许多教堂都可以听到牧师反对奴隶制的布道。不少之前还持敌对或中立态度的主流报纸也开始公开支持废奴事业。从这些报纸有理有据的评论文章来看，为态度强硬的托利主义发声的《季刊》已经对种植园主感到绝望。《爱丁堡报》和《威斯敏斯特报》也对奴隶制口诛笔伐。不过，我们绝不能据此认为所有力量都倒向了支持废奴的一方。即使深知最后的战斗有了更多力量的加入，"西印度群岛殖民者"仍一如既往地拼命抵抗。他们同样有自己的常设委员会和出版物，背后同样有资金支持。废奴"代言人"每到一处，"西印度群岛殖民者"就施以反宣传的策略，指责废奴"代言人"对奴隶制的抨击失实，质疑"代言人"宣传中列举的数字，并主张财产权的合法性，企图唤醒人们内心深处的保守意识，好让他们将自己的生命与财产从新的雅各宾主义者和黑奴引发的恐慌事件中解救出来。"西印度群岛殖民者"还想出了一个手段来引人注意。他们趁着夜色，在伦敦的城墙上贴满支持奴隶制的宣传单。还没等到第二天早上，乔治·史蒂芬组织的"速战队"就已经将废奴的宣传单张贴在了原来的宣传单上。

此时，议会也赢得了更多支持废奴的选票。几个声称对奴隶和"腐败的自治市"拥有财产权的"西印度群岛殖民者"在1832年议会改革的大选中失去了席位，还有几个赢得选举的来自"西印度群岛"的候选人则承诺致力于废奴事业。由于某些"圣徒"支持天主教解放，丹尼尔·奥康奈尔（Daniel O'Connell）领导的爱尔兰议员十分愿意支持"圣徒"。"东印度群岛殖民者"与"西印度群岛殖民者"在蔗糖税方面仍存在不同的意见。下议院多数党辉格党的普通成员支持政府立场，而政府因其他亟待解决的问题忙得不可开交，暂未做出事关奴隶制命运的决定。1832年春，福韦尔·巴克斯顿不惧阻力，坚持将下议院分为反对立即废除奴隶制和支持立即废除奴隶制的两派。投票结果是：一百三十六票反对立即废除奴隶制，九十二票支持立即废除奴隶制。虽然投票结果差距不大，政府仍将支持立即废除奴隶制——其中就包括最有影响力的议员之一奥尔索普勋爵[①]（Lord Althorp），会考虑支持立即废除奴隶制的议员诉求。然而，在1832年12月的议会新一轮大选之前，政府并未采取任何行动。在大选之后的演讲中，威廉四世对奴隶制只字未提。戈德里奇子爵从殖民地部被调走，殖民地副大臣豪伊克子爵（Viscount Howick）也辞职了。两人都是坚定的废奴主义者。新任战争与殖民地大臣爱德华·史密斯-斯坦利（Edward Smith-Stanley）公开宣称自己不依附亨利·泰勒（Henry Taylor）和殖民地部法律顾问詹姆斯·史蒂芬。亨利·泰勒是殖民地部最反对奴隶制的官员，与继承了父亲不得人心的观点的詹姆斯·史蒂芬[②]为敌。上述人事变动和爱德华·史密斯-斯坦利的立场让巴克斯顿深感不安。公众的想法是，废奴事业不要再拖延了。亨利·怀特利（Henry Whitely）是一个来自约克郡的年轻商人，曾在牙买加一个种植园逗留了几周，刚刚回国。他对巴克斯顿讲述了自己在牙买加种植园的所见所闻，尤其是奴隶被种植园主鞭笞的情形。巴克斯顿说服亨利·怀特利将讲述的内容印成小册子出版。其实，这本小册子里并没有什么新的内容，但之前废奴主义者的宣

---

① 即约翰·查尔斯·斯宾塞（John Charles Spencer, 1782—1845），英国贵族、辉格党政治家。1830年至1834年，他同时担任财政大臣与下议院领袖。——编者注
② 詹姆斯·史蒂芬一直致力于废奴事业，原文中"不得人心的观点"可能是从种植园主的角度出发的。——译者注

奥尔索普勋爵。亨利·皮尔斯·博恩（Henry Pierce Bone, 1779—1855）绘

传已经点燃了公众的情绪，所以现在公众的情绪更是成为燎原之火。仅仅两周的时间，这本小册子就售出了二十万份。乔治·史蒂芬和机构委员会做出了更多行动——演讲、报纸文章、公共集会和布道，使这场"大火"烧得更旺。议会接连不断地收到请愿书，上面有近一百五十万份签名。1833年4月18日，来自英国各废奴中心的代表在埃克塞特大厅齐聚一堂。在不做出妥协的前提下，没有护卫的巴克斯顿用尽了演讲技巧，再加上自己的人格魅力，才压下了代表们要求立即废奴的呼声，并承诺让种植园主得不到失去财产后的补偿，这也使种植园无人打理。当代表们声势浩大地来到唐宁街，准备向首相查尔斯·格雷传递民情时，不管是迎接代表们的奥尔索普勋爵和爱德华·史密斯-斯坦利，还是这两人的同僚，都必须直面眼前的事实：来自全国的不同地方、阶层和职业的三百三十名代表表达的正是绝大多数英国人急切又坚定的要求。英国人已经不愿意再等下去了。

在原则上，大臣们当然是站在废奴主义者的立场上。1833年5月14日，爱德华·史密斯-斯坦利提出的政府计划是一项非常激进的举措。"缓和"政策、农奴制、奴隶主自愿释放奴隶等间接终结奴隶制的一切方式均被摈弃。"西印度群岛殖民者"愤怒的抗议、延迟废奴的要求及脱离大英帝国的威胁统统不起作用。有人提议，一年后取消奴隶制的合法地位。可为了削弱对奴隶主的冲击，所有年满六岁的现有奴隶将在未来十二年内继续作为"学徒"无偿工作，每天须干满之前劳作时长的四分之三。种

第5章 废除英国殖民地的奴隶制

植园主将从英国财政部那里领到一千五百万英镑的贷款，以补偿因奴隶的劳作时长减少四分之一给自己带来的损失。在不用劳作时，"学徒"可以选择一些有报酬的工作。这样一来，在奴隶的拍卖会上，"学徒"就能拿着这笔赚来的钱赎回自己的自由身。体现了爱德华·史密斯-斯坦利提出的政府计划的决议以压倒性优势轻松通过，似乎是要表明多年来的拖延不决已经真正结束。爱德华·史密斯-斯坦利强烈要求将决议内容写入法律。詹姆斯·史蒂芬成为不可或缺的合作对象。他在两天半的时间内起草了《1833年废奴法案》——他人生中一共只有两次这样高效的工作，连在周日工作也毫无怨言。1833年7月5日，废奴法案被正式提出。詹姆斯·史蒂芬是"克拉珀姆教派"真正的灵魂人物。在此期间，议会只推动了两个重大改变。福韦尔·巴克斯顿及其所在政党极力反对"学徒"制的方案。在充分考虑了巴克斯顿及其所在政党的意见后，"学徒"期由原来的十二年减少为六年的"农奴"期（即田间劳作）和四年的"非农奴"期。为了满足"西印度群岛殖民者"的需求，原来贷款一千五百万英镑的规定被改为免费发放两千万英镑。除了"西印度群岛殖民者"和以威灵顿公爵为代表的顽固的托利党，上议院、下议院仅仅是在细节问题上持不同意见，但对整个废奴问题已经不存在任何公开的分歧。1833年8月29日，《1833年废奴法案》被写入法律。

与《1833年废奴法案》引发的热烈讨论形成鲜明对比的是，废奴斗争的"老将"威尔伯福斯即将不久于人世。爱德华·史密斯–斯坦利说："当威尔伯福斯先生听到废奴法案通过的重大决定时，他一定会发出感叹，'主啊，现在可以照你的话，让你的奴仆平平安安地离去了'[①]。"威尔伯福斯临终前几天曾说："感谢上帝，我终于等到了英国愿意用两千万英镑换取奴隶制废除的那一天。"1833年7月29日，威尔伯福斯去世。1838年，另一位活跃的废奴斗士扎卡里·麦考利也因病去世。不少议会领袖认为，自己在废奴事业中所取得的成就要归功于扎卡里·麦考利在幕后不知疲倦的支持。威廉·尤尔特·格拉德斯通[②]称扎卡里·麦考利为"威尔伯福斯先生不可多得的同伴和精神支柱"。在废奴事业胜利的曙光即将到来之时，巴克斯顿称扎卡里·麦考利为"永远指引我的导师"。

《1833年废奴法案》带来了怎样的结果呢？反对废奴事业的人宣称，奴隶不适合过自由的生活。奴隶一旦有了自由的权利，将会扰乱社会治安，并沉溺于酒精，不服从命令。大多数奴隶肯定不愿意继续工作。但反对废奴事业的人所预想的上述内容都没有成为现实。1834年7月31日凌晨，曾经的奴隶以体面的方式举行欢庆活动，纪念历史性时刻的到来。虽然成为"学徒"似乎与获得真正的自由仍相去甚远，但他们默默接受了新的身份。一些殖民地原来的奴隶甚至难掩内心喜悦。殖民地也没有出

---

① 选自《圣经·路加福音》第二章第二十九节。——译者注
② 威廉·尤尔特·格拉德斯通（William Ewart Gladstone, 1809—1898），英国自由党政治家，四次出任首相。——编者注

现大范围的"罢工"。1834年到1838年的蔗糖产量比1834年前六年的平均水平下降了近百分之十。实施复杂的"学徒"制时遇到的重重阻力主要来自种植园主，而不是奴隶。1833年，种植园主没有得到优待。在种植园主多年公开违抗命令的过程中，英国人的正义感从未动摇。议会也通过接受"学徒"制的折中方案和经济补偿方案竭尽所能地减缓解放奴隶带来的冲击。就算补偿的金额只是奴隶市场价格的一半左右，也已经超出了奴隶主的预期。如果议会接受了极端主义者的说法，即任何人都无权把他人作为财产，那么种植园主很可能会像詹姆斯·萨默塞特案发生后的英国奴隶主一样，实际得不到任何补偿。如果种植园主要获得经济补偿，就必须接受新的"学徒"制。有些种植园主已经准备直面现实，尽可能让自己适应新的"学徒"制，但还有一些种植园主不但滥用自己手中仅有的权利，还规避甚至违反规定。牙买加再次出现严重的犯罪行为。种植园主和以前一样作茧自缚。牙买加众议院和牙买加各地总督之间又开始冲突不断。英属殖民地各岛屿的局势再次引发了英国国内的关注。1836年，"学徒"制的主要反对者约瑟夫·斯特奇访问了几个英属殖民地岛屿。虽然他对所见所闻的描述常常夸大其词、有失公允，但起到了很好的宣传效果。人们纷纷传言：成为"学徒"的黑人的境遇比他们当奴隶时更糟糕；安提瓜的种植园主在1834年自愿解放了三万名奴隶，从那以后，所有蔗糖都是由完全自由的劳动力生产的。然而，这些传言并非事实。一种更加温和的观点开始出现。1838

年初，亨利·布鲁厄姆和巴克斯顿公开要求终止"学徒"制。如果不是种植园主出手阻挠，第二个废奴法案本来是可以很快被议会通过的。种植园主对"学徒"制并不感兴趣。1838年夏，约占总数六分之一的奴隶获得自由，从此成为"不被土地束缚"的人，其他奴隶则成为学徒。在这之后可能出现的各种困难和不确定因素是种植园主不得不考虑的问题。同样，种植园主不愿接受自己的想法第二次被大英帝国的立法机关否决。牙买加成为倒数第二个效仿安提瓜做法的地区。对奴隶来说，1838年8月1日又是一个值得庆祝的日子。他们纷纷拥入大小教堂举行欢庆活动，喜悦之情溢于言表，但仍然保持了与从前一样的克制与清醒。牙买加主教写道："我从未见过如此感人至深的场景。"

当然对种植园主而言，奴隶的解放就不是什么值得高兴的事了。本来种植园主就要面对来自国外市场越来越激烈的竞争，现在加上劳动力短缺，种植园主的处境雪上加霜。获得自由的人并不是不愿意在私有土地上干活，但他们更情愿为自己而不是为原来的主人干活。然而，几乎所有安提瓜开发的土地已经开发完了，没有闲置的土地。因此，那些被解放的自由民除了继续为原来的主人干活，基本找不到其他的谋生手段。从这个意义上来说，安提瓜的经验是不值得借鉴的。巴巴多斯岛的情况同样如此。不过，在包括牙买加在内的大部分其他殖民地上，仍有大量未开垦的荒地。成为学徒的奴隶自然更愿意租用甚至购买属于自己的一小块土地。这样一来，他们不用多费力气便可种出可以填饱肚子的粮食；勤快一点的还可以将吃不完的粮食卖出去补贴生活，而不用像以前那样靠辛辛苦苦地在甘蔗地里干活来换取温饱。有些仁慈的种植园主说不定还能吸引到足够的劳动力。然而，现在如果要求奴隶每周干活的时间超过三到四天，或每天干活的时间超过七个小时，大部分奴隶是不肯答应的。因此，久而久之，作物产量急剧下滑。英国历届政府不敢袖手旁观，试图通过从海外有组织地输入劳动力——被巡洋舰抓获的奴隶、马德拉群岛获得自由的贫民，甚至后来结局悲惨的英国农民来遏制作物产量进一步下滑，但均以失败告终。相比之下，来自印度的"签订契约"的苦役在官方的监管下干活非常有效率，尤其是在特立尼达和圭亚那。然而，这种做法所需的成本过高，能否达到预期效果也未可知。1846年，英属岛屿遭受了沉重的最后一击。英国人一直以来倾向于使用西印度公司生产的蔗糖，但在自由贸易的大潮之中不得不做出让步。1825年，英国鼓励扩大在毛里求斯岛的蔗糖产量，1836年又扩大了"东印度公司"的蔗糖产量。英属岛屿虽然取得了"自由种植"蔗糖的胜利，但被迫与来自古巴和巴西由"奴隶种植"的蔗糖平等竞争以求得生存，这对之前的废奴声明来说实在是个莫大的讽刺。许多老一代种植园主屈服于现实。在新的劳动力、新的种植方法、新种类的作物（尤其是水果类作物）出现后，这些英属岛屿才渐渐发展起来。然而，往日的辉煌早已远去，永不再来。在整个18世纪，英属西印度群岛曾是大英帝国皇冠上的一颗明珠，但它之所以熠熠生辉，得益于奴隶制和商业体系的维系。这两大支柱轰然倒塌，英属西印度群岛便日薄西山，逐渐消失在了历史的尘埃中。

七万名白人的衰微，使七十万名黑人的命运出现了转机。不需要再有多愁善感的人为眼前的变化大唱颂歌。1838年之后，这种变化的节奏暂时放缓，但黑人没有停止过前进的脚步。虽然其中一些黑人游手好闲，有的流落街头，但总的来看，获得自由的黑人以惊人的速度转变身份，成为农民中的一员，有了一定的收入，过上了稳定的生活。他们纷纷来到"自由村落"，拥有了更多属于自己的土地。越来越多的黑人结婚生子，促使人口数量稳中有升，结束了多年来的负增长。从某段时间内由英格兰进口的制造品数量翻番来看，他们衣食住行在不断改善。在许多地方，获得自由的黑人有能力供孩子上学；有些家境殷实的家庭还会捐钱在当地建立教堂。1841年，时任牙买加总督的查尔斯·西奥菲勒斯·梅特卡夫（Charles Theophilus Metcalfe）爵士写道："我敢说世界上没有哪个地方劳作的人能像在牙买加一样，不受任何压制，并且过着衣食无忧、自在惬意的生活。"种植园主也承认，这些劳作的人的生活的确得到了改善。在1842年向议会委员会举证时，除了认为黑人不愿意为工资工作，许多种植园主充分肯定了黑人的品质。一个牙买加的种植园主说，黑人"获得人道主义待遇的速度很可能超过了同时期的其他任何人种"。如今，白人和黑人处境的鲜明对比并没有在这两个人种之间产生嫌隙。恰恰相反，虽然过去发生过很多不幸的事件，但

第5章 废除英国殖民地的奴隶制

种植园主与黑人甚至曾遭人憎恶的传教士之间的关系反倒比以前要好。从某种意义上来说，即使一个新时代的曙光并未真正到来，黑人在刚刚获得自由的那几年的最好时光也没能维持下去，但比起在让人迟钝麻木的奴隶制下生活的日子，如今黑人的整体生活状况和未来发展已有了巨大的进步。

在毛里求斯岛，奴隶的解放产生的结果是截然不同的。种植园主过得更好了，之前的奴隶则过得更糟。种植园主之所以没有受到奴隶的解放产生的严重冲击，是因为他们可以得到来自离毛里求斯岛很近的印度的"苦役"的充足供应。1838年之后，在所有生产蔗糖的殖民地上，只有毛里求斯岛的蔗糖产量不降反升。1846年之后，毛里求斯岛的蔗糖总产量甚至超过了西印度群岛。对六万名至七万名获得自由的人而言，大部分"不被土地束缚"的人继续靠自己的手艺赚钱，或给自己干活，而大部分变成农民的人则没能形成任何有组织的团体，甚至赚不到足够维持生计的收入。这些人变得一贫如洗，沦为流浪者和小偷，与毛里求斯岛上的文明生活相去甚远。殖民地部为此感到不安，于1845年询问了获得自由的人的现状，得到的唯一确切的回答是：他们的数量正在锐减。

只有两个英属殖民地受到奴隶解放的影响，除了前面提到的毛里求斯岛，还有一个是开普。由于损失了约三万九千名奴隶，奴隶主遭受了巨大打击。他们原本估计能拿到超过两百五十万英镑的赔偿，但实际到手的不足一百二十五万英镑，再加上支付方式令人很不满意，一些奴隶主的生活彻底毁了。但开普殖民地的情况与西印度群岛有很大不同。开普殖民地是非洲的一部分，其奴隶数量只占非洲人口的极少数。霍屯督人在开普殖民地定居，班图人自北向南迁徙于此。获得自由后，他们在此繁衍生息。此外，开普殖民地的奴隶主不像牙买加的种植园主那样依赖某个单一作物，或像蔗糖这样的劳动密集型作物。奴隶的解放给开普殖民地带来的政治影响超过了经济影响。不愿逆来顺受的荷兰农场主和生性热爱自由的传统拓荒者认为，《1833年废奴法案》是一个来自遥远国度的无知政府在一群虔诚的疯子指使下颁布的糟糕透顶的法案。这并不是说农场主和拓荒者把奴隶制当作不可撼动的体制。废奴主义者认为，之所以要废除奴隶制，是因为异教的黑人与基督教白人应当享受同等待遇。在农场主和拓荒者看来，这种想法是不可接受的。正如一些人后来承认的那样，奴隶的解放产生的积怨导致了1835年到1836年的牛车大迁徙。几千名荷裔布尔人怀揣着"黑人与白人在政教方面不应平等"的理念，离开了开普敦殖民地一路"迁徙"，到非洲中部去建立属于自己的自由共和国。

AM I NOT A MAN AND A BROTHER?

乔赛亚·韦奇伍德为奴隶贸易废除协会设计了浮雕饰物图案，
上面描绘的是一个黑奴正在做出恳求的姿势

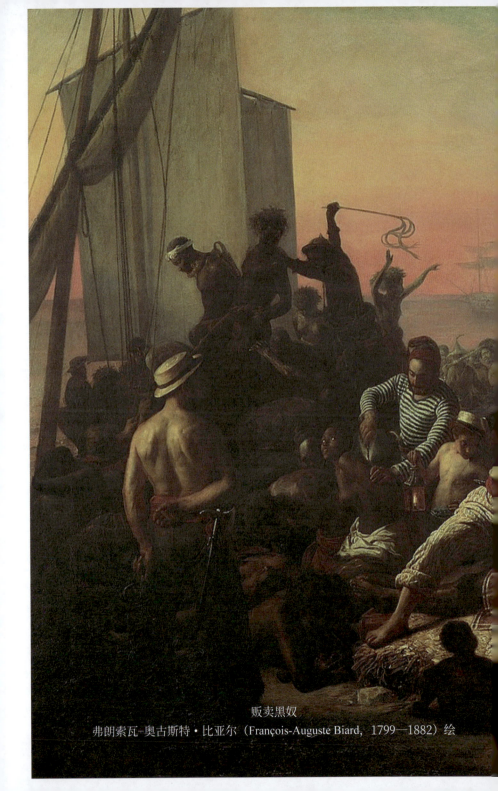

贩卖黑奴

弗朗索瓦-奥古斯特·比亚尔（François-Auguste Biard, 1799—1882）绘

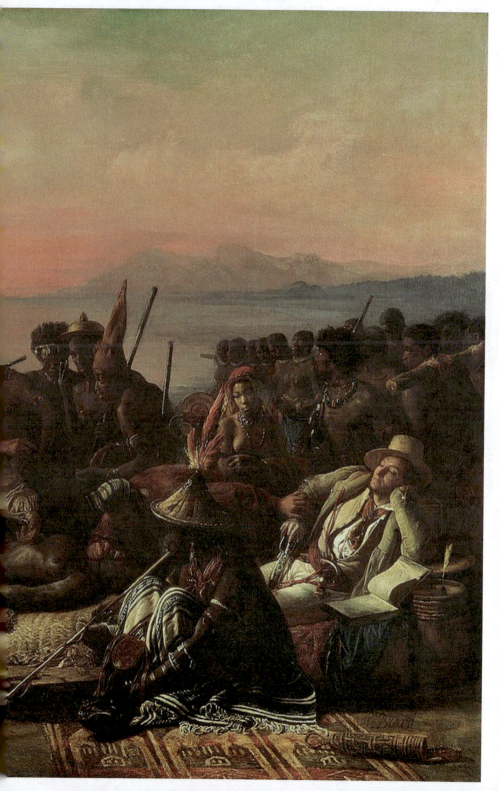

托马斯·克拉克森在英国和外国废奴协会会议上演讲。
本杰明·罗伯特·海顿（Benjamin Robert Haydon, 1786—1846）绘

刚果贩奴者纳撒尼尔·戈登被处以绞刑。
绘者信息不详，绘于 1862 年

巴西的一名黑人奴隶当众被抽打。
约翰·莫里茨·鲁根达斯（Johann Moritz Rugendas, 1802—1858）绘

从巴西买来的奴隶正要前往种植园。
约翰·莫里茨·鲁根达斯 绘

英属西印度群岛的黑人奴隶正在种甘蔗。
绘者信息不详，约绘于 1823 年

古巴的黑人奴隶正遭受酷刑的折磨。
出自 1868 年 11 月 28 日的《哈珀周刊》（*Harper's Weekly*）

南卡罗来纳州种植园中跳舞的奴隶。
约翰·罗斯（John Rose）绘于 1785 年到 1795 年间

1861年美国弗吉尼亚州首府里士满待售的黑奴

埃尔·克劳（Eyre Crowe，1824—1910）绘

林肯总统打出自己的最后一张牌：解放奴隶。
约翰·坦尼尔（John Tenniel, 1820—1914）绘

GUN POWD

美国黑奴的过去与未来
托马斯·纳斯特（Thomas Nast, 1840—1902）绘

海岸上集中关押奴隶的场所（Baracoons）
绘者信息不详，绘于 1849 年

参加尼日尔考察活动的三艘汽船："阿尔伯特"号、"苏丹"号和"威尔伯福斯"号。阿克曼（Ackermann）、爱德华·邓肯（Edward Duncan）、萨缪尔·沃特斯（Samuel Walters）绘于 1841 年

法国殖民地的奴隶解放。
弗朗索瓦-奥古斯特·比亚尔绘

1871 年一天，亨利·莫顿·斯坦利见到了大卫·利文斯通。
亨利·莫顿·斯坦利绘

奴隶贩子和奴隶，奴隶不是戴着锁链，就是戴着"奴隶棍"。
根据大卫·利文斯通的描述绘制

阿拉伯奴隶贩子与黑人奴隶
绘者信息不详，约绘于 1900 年

CHAPTER VI

第 6 章

与外国奴隶贸易的斗争

1811年英国奴隶贸易的最终废除与1838年英国奴隶制的最终废除毁掉了古老的奴隶制的重要部分，但奴隶制还未彻底消亡。1838年，奴隶制依然存在于非洲和亚洲的许多国家及信仰基督教的西方世界所占领或控制的地区——法属殖民地、西属殖民地和萄属殖民地、美国南部及南美洲的一些新兴共和国。本书接下来的章节将讲述英国人在摒弃其规模庞大的奴隶制后，是如何帮助其他民族废除奴隶制的。

　　英国人行动的第一步是切断对大西洋另一端的外国种植园和殖民地的奴隶贸易的经济支持。有些国家效仿英国，在拿破仑战争结束之前便已废除奴隶贸易。1804年，一项于1792年通过的旨在十二年内废除丹麦奴隶贸易的法案正式生效。瑞典和荷兰分别于1813年和1814年颁布废奴法案。美国也采取了类似的举措。由于遭到来自南卡罗来纳州和佐治亚州这两大主要蓄奴州的反对，美国1787年的制宪会议未能立即将废除奴隶贸易写入联邦宪法。为了折中各方利益——这为1861年美国的大分裂[①]埋

---

① 此处是指1861年爆发的美国内战。——译者注

下了隐患，宪法做出如下规定："现有任何一州认为应予接纳的人员移居或入境时，国会在1808年以前不得加以禁止。"1787年到1808年，美国北部和中部各州分别做出了奴隶贸易非法的规定，其中几个州还废除了奴隶制。由于害怕西印度群岛心怀不满的奴隶和非洲的未开化的奴隶会重演最近在海地发生的奴隶叛乱，南卡罗来纳州和佐治亚州也曾一度禁止奴隶进口。即便如此，非法奴隶贸易仍屡禁不止。许多奴隶被运到了新加入美国领土的路易斯安那州的种植园。1803年，南卡罗来纳州重新开放各大港口。在四年的时间，共有近四万名奴隶被运到查尔斯敦。美国北方的废奴运动也在积蓄力量。贵格会教友再次成为运动带头人。1807年3月2日，也就是乔治三世批准《外国奴隶贸易废除法案》的二十三天前，美国总统托马斯·杰斐逊批准了一项国会法案，规定从1808年1月1日起，禁止从国外向美国输入奴隶，对所有参与奴隶贸易的人严惩不贷；此外，允许载重四十吨以上的船继续在东海岸开展奴隶贸易，从而为各州之间的奴隶买卖提供可能。之后，又有一系列针对奴隶贸易的法案相继出台：1818年的法案加大了惩罚力度，增加了入刑的规定。1819年《保护美国商业与惩罚海盗罪行法案》规定，向拦获贩奴船的人支付"奖金"。1820年的《海盗法》宣布，从事奴隶贸易为海盗行为，最高可判死刑。1810到1812年，南美洲的委内瑞拉、智利和布宜诺斯艾利斯也相继废除了奴隶贸易。

然而，只要法国、西班牙和葡萄牙这几个主要的奴隶贸易

第 6 章　与外国奴隶贸易的斗争

参与国不愿停止奴隶贸易，上述措施无论是从理论上还是从实际上对减少跨大西洋的奴隶贸易都起不了太多作用。拿破仑战争期间，英国强大的海上力量限制着这些国家的奴隶贸易发展。只要法国、西班牙和荷兰还在与英国处于交战状态，来自法国、西班牙和荷兰的贩奴船就随时有被英国巡洋舰拦获的危险。这三个国家之所以仍在从事奴隶贸易，是因为贩奴船上悬挂着中立国旗帜混淆视听。法国在拿破仑战争之前的奴隶贸易份额本来就已经仅次于英国，当拿破仑战争终于即将结束时，如果此时不阻止奴隶贸易的发展，西欧的奴隶贸易将恢复到原来的水平。废奴主义领袖们竭尽全力阻止事态向着危险的方向发展。威尔伯福斯说："在欧洲重塑和平、正义和人性原则的同时，在奴隶贸易已经消亡的地方再去贩卖我们的同类，简直令人震惊。"他强调了英国外交部的卡斯尔雷子爵的观点。威尔伯福斯给在欧洲的重要人物写了很多信，其中包括沙皇亚历山大一世（Alexander I）、塔列朗（Talleyrand）、亚历山大·冯·洪堡（Alexander von Humboldt）和拉法耶特侯爵[①]（Marquis de Lafayette）等人。威尔伯福斯在信中痛批了奴隶贸易的罪恶，随后再次赢得了1807年那样强有力的舆论支持。在达成和平协议的前一天，写有近一百万份签名的八百份请愿书呼吁英国下议院阻止法国重新开

---

① 即吉尔贝·迪·莫捷（Gilbert du Motier，1757—1834），法国将军、政治家，参加了美国革命与法国大革命，被誉为"两个世界的英雄"。晚年，他还成为1830年法国七月革命的要角。——编者注

展奴隶贸易。下议院接受了请愿书。威尔伯福斯的动议被带到了
维也纳会议。没有哪个外交家像卡斯尔雷子爵一样，带着如此清
楚、重大的委托参加一场关键的国际会议。大部分英国民众对摆
在卡斯尔雷子爵和其他参会的英国代表面前的首要任务——重新
划分欧洲版图、为战争结束后的未来二十年奠定和平的基础——
没有多大的兴趣。英国民众只对一件事有着近乎偏执的关注：在
整个世界范围内废除奴隶贸易。如此响亮、一致的诉求让维也纳
会议的气氛一度变得尴尬起来。卡斯尔雷子爵说，仅仅冲着废除
奴隶贸易这一个目标，"公众就表现得如此急不可耐"，这会让
各国的全权代表逼迫我们[①]在其他问题上让步。为了执行受托的
任务，卡斯尔雷子爵尽了一切努力，达成了当时能产生的最好结
果。理想主义者亚历山大一世自然可以宣扬人类的福音，现实主
义者克莱门斯·冯·梅特涅（Klemens von Metternich）对这一结
果表示默认，两人的做法不会损害本国的利益，毕竟俄国和奥地
利帝国既不是海上强国，也不是奴隶贸易的参与国。普鲁士王国
与两国的立场相似。瑞典和英国一样，在奴隶贸易问题上站在道
义的立场。即使是对塔列朗和西班牙与葡萄牙的代表们来说，要
在维也纳会议上声明自己的国家支持废奴的原则也不是没有可
能的。1815年2月8日，来自八个主要国家[②]的全权代表共同起草

---

① 即英国参会代表。——译者注
② 这八个主要国家是：奥地利帝国、大英帝国、普鲁士王国、俄国、瑞典
王国、西班牙王国、葡萄牙王国和法国。——译者注

了一份联合声明，后被写入于1815年6月9日签署的《最后议定书》中。

> 各国代表在欧洲各国面前宣布，全面废除奴隶贸易符合时代精神和各尊贵的主权国主张的慷慨原则。各国代表将全面废除奴隶贸易作为值得特别关注的举措，真诚希望利用一切可能的手段，以最迅速且有效地实施这一举措。全面废除奴隶贸易是人类的崇高事业，需要各国代表以最大的热情和坚持不懈的精神来完成。

各国代表还说，奴隶贸易在各国具体的废除时间应由国际协商决定。

英国民众当然不会满意这份避重就轻的高调宣言。他们的怀疑很快得到了验证。维也纳会议虽然决定将每年召开一次会议为主要国家的"联合行动"助力，但直到1818年才在艾克斯举行第一届会议，1822年才在维罗纳举行第二届会议。虽然有卡斯尔雷子爵和威灵顿公爵的大力斡旋，但两届会议没有取得任何实质性成果。显然，只有对各国政府施加外交压力才可能取得实际进展。在和平协议达成后至少三十年间，英国外交部把废除奴隶贸易作为工作重心，对其关注度超过了其他任何国际事务。这不仅给外交大臣卡斯尔雷子爵徒增了巨大的工作量，还使他无暇顾及其他外交工作。无休止的急件、请愿、抗议、告诫及没完没

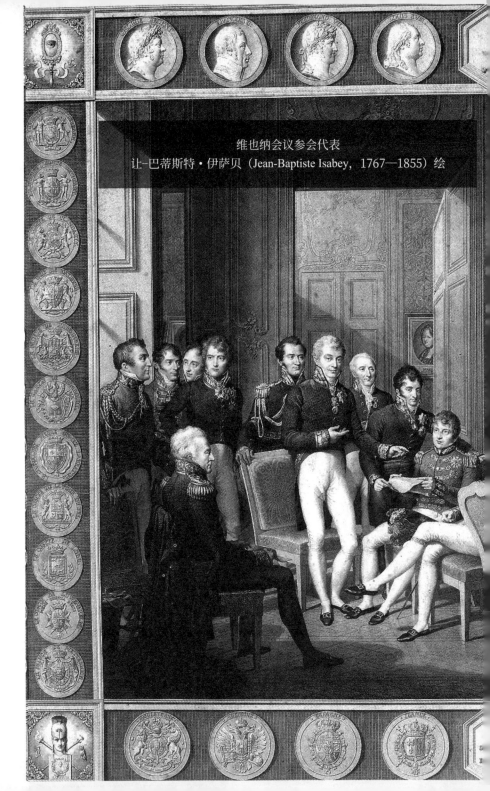

维也纳会议参会代表
让-巴蒂斯特·伊萨贝（Jean-Baptiste Isabey, 1767—1855）绘

了的抱怨，正如乔治·坎宁任外交大臣时西印度群岛的种植园主所经历的那样。在巴黎、马德里和里斯本，人们认为废除奴隶贸易只是英国狂热主义和伪善心理作祟的结果，因而表现出极大反感。毫无疑问，当其他国家正在从一个被英国拒绝的恶行中获利时，这些国家的人们对废除奴隶贸易的崇高动机自然充满了怨恨。国外的批评者认为，商人之岛①的竞争对手效仿英国的做法后，英国便可从中获取巨大的经济利益。批评者的这种想法其实是错误的。"西印度群岛殖民者"才是外国奴隶贸易废除后的主要受益方。从1807年起，"西印度群岛殖民者"在政治上的影响力就不断下滑，这种情况在1833年和1846年表现得更明显。在各种观点交织的这些年，英国外交代表和在维也纳会议上的卡斯尔雷子爵一样清楚，英国的外交政策不是由什么肮脏或某些群体的"利益"支配的，而是人心所向。在废奴主义者的大力宣传下，英国的外交代表已经洞悉了奴隶贸易的罪恶。他们不得不与他国政府纠缠不休，有时甚至毫不客气，为的是要求其他国家履行"在欧洲各国面前"许下的承诺；而到目前为止，英国是所有欧洲大国中唯一切实履行承诺的国家。

在仍然实行奴隶贸易的国家中，最强大也是最难对付的便是法国。1814年，英国政府曾希望，因拿破仑战争而戛然而止的法国奴隶贸易不要重新开始。一个重要原因是，塞内加尔、戈雷

---

① 这里是指英国。——译者注

岛、法兰西岛和波旁岛这几个非洲海岸的主要据点原本是英国从法国拿走的殖民地。现在，除了法兰西岛，其他几个据点即将被波旁王朝收回。法国只同意在五年期限即将结束时再来压制奴隶贸易的发展。原来的运奴港口——南特、阿弗尔、波尔多和马赛开始马不停蹄地装备运奴船，准备在规定的时间期限到来之前大捞一把。此时，局势突然发生了重大变化。拿破仑从被流放的厄尔巴岛上逃了出来。为了博取英国的同情，拿破仑颁布了立即废除奴隶贸易的法令。滑铁卢战役之后，路易十八（Louis XVIII）的大臣们在威灵顿公爵的不断施压下，制订了一项"合法"的法令取代了篡位者拿破仑颁布的法令，并签署了第二份《巴黎条约》。《巴黎条约》规定，英国与法国必须落实维也纳会议发表的宣言，同时宣称：两国已"运用一切可能的手段禁止两国殖民地和子民参与任何奴隶贸易"。然而，就在1817年，英国驻法国大使发现，这份《巴黎条约》实际上被忽略了。第二年，虽然法国议会通过一项法案，规定从事奴隶贸易为违法行为，但并未规定其为犯罪行为。这项法案的效力远不如英国的1811年通过的《外国奴隶贸易废除法案》的修正法案。贩奴船几乎可以像在18世纪时那样大摇大摆地从法国港口驶出。塞内加尔和戈雷岛的奴隶贸易依然蓬勃发展。不仅是法国，其他国家的贩奴船上也挂着法国国旗，一路畅通无阻。1831年，"七月革命"将路易-菲利普一世（Louis-Philippe I）送上了法国的王座。他制订的新法律以直接或间接的方式加大了对奴隶贸易者的惩罚力度。至少在一段时间内，法国政府对奴隶贸易实施了强硬的压制手段。

相比之下，要劝说西班牙和葡萄牙宣布奴隶贸易非法就简单多了。英国纳税人的钱是关键因素。比西班牙所占奴隶贸易份额更大的葡萄牙之所以同意废除奴隶贸易，是因为1815年英国政府减免了葡萄牙四十五万英镑的债务。因为拦截了贩奴船，英国政府还以"赔偿金"的名义向葡萄牙拨款三十万英镑。葡萄牙签订一份协议，规定本国的奴隶运输不得超过从赤道以南的非洲地区跨越大西洋到达其"所属地"的范围。这意味着葡萄牙原来在比绍的奴隶运输基地"超出了奴隶运输的范围"，只有安哥拉和莫桑比克的港口可以输出奴隶，只有巴西可以接收奴隶。1822年到1825年，巴西成为独立国家。葡萄牙的奴隶贸易从法律的意义上来说已经终结，但实际上并未终结。巴西不仅从葡萄牙那里接手了废除奴隶贸易的义务，还于1831年通过法案，规定对从事奴隶交易者的惩罚，包括没收他们的船。西班牙解除了1789年以来针对奴隶贸易的传统禁令后，与古巴的交易量开始迅猛增长。人们原本希望，西班牙能在拿破仑战争结束后自愿放弃奴隶贸易，以回报英国在半岛战争中对西班牙的帮助，但人们的希望落空了。西班牙甚至拒绝了送上门的八十五万英镑和高达一千万美元的贷款。如果收了这两笔钱，西班牙就要立即全面废除奴隶贸易。不过，到1817年，西班牙接受了英国赠予的四十万英镑。作为交换条件，西班牙将本国奴隶贸易份额限制在赤道以南地区。这样一来，由于无法与古巴从事奴隶贸易，西班牙做出的牺牲要比葡萄牙大得多。1820年，西班牙宣布奴隶贸易非法。曾经许下的诺言在形式上得以兑现。但直到1835年，在拥有了一个和法国一样更加自由的政府形式后，西班牙才开始实施针对奴隶贸易的有效惩罚措施。

1814年之后整整二十年，对惩罚措施有着详细规定的废除奴隶贸易的法律才被所有欧洲大国采纳。这二十年的时间里，这些国家仍然从事奴隶贸易。法律的采纳并不意味着奴隶贸易已经被废除。恰恰相反，奴隶贸易迅猛增长。不加以强制执行的法律只是一纸空文。英国外交部和英国驻外使馆写下一封又一封急件，以敦促这些法律出台。然而，关于法律强制执行的文件更是堆积如山。虽然上述欧洲国家均从法律上"废除"了奴隶贸易，但只有英国采取了必要步骤，确保本国的废奴法得到严格且不中断的执行。

1807年的《外国奴隶贸易废除法案》生效不久，从英国海军基地好不容易抽调了一些巡洋舰，前往非洲海岸执行巡逻任务。拿破仑战争结束后，这支"预防性"的"非洲"船队得以保留，并且实力不断增强。到了19世纪40年代，这支船队从英国海军抽调了约六分之一的力量，每年要花掉英国纳税人约七十五万英镑。船队执行任务时不仅常常遇到各种危险情况——被逼得走投无路的贩奴船会拼死抵抗，也存在诸多健康风险，如近岸的船通常在有疟疾传播风险的水道航行。1845年，这些巡洋舰百分之五的船员被杀或死于其他原因；百分之十的船员因病残而被遣返回家。真实的数字或许还要多得多。船员们观望着那片人迹罕至的海岸，而船久久无法靠岸。船员们在船上的生活一成不变，没有社交生活以供消遣。这种无所事事的倦怠感严重伤害了船员们的身心。一位舰队司令官写道："这种与外界隔绝、单调乏味的日子正在一点点消磨官兵们的生命……好几个月过去了，船永远停泊在同一个地方，温度计显示八十六度华氏度①，身边永远是相同的面孔，又要经历一次漫长的等待，才能盼到下一批食物。"然而，船员们没有白白牺牲。每解救一个奴隶并助其安全上岸，船员会得到五英镑奖励；船员每拦截一艘空的贩奴船，会获得按船吨位每吨四英镑的奖励。船员们偶尔还能看到令人激动的场面：一艘在英国造船厂生产的最新巡洋舰开足马力追逐一艘美国制造的快速帆船。这艘被誉为"赛马美人"的帆船可谓名不副实。此外，由于每天生活在与奴隶贸易相伴的恐惧之中，某一天，一艘贩奴船终于近在眼前，船员们那种解救奴隶带来的喜悦简直无可替代，哪怕要承受风险和付出艰辛也是值得的，他们由此产生了一种深深的满足感。无论是军官，还是士兵，对奴隶贸易都怀着一种刻骨的仇恨。寄回英国的急件中只要是提到奴隶贸易存在的地方，都会出现带有强烈感情色彩的说法，如"令人憎恶的""臭名昭著的""邪恶的""买卖有血有肉的人"……思想传统的船长们觉得自己是在"替天行道，惩奸除恶"。

---

① 八十六华氏度相当于三十摄氏度。——译者注

第 6 章　与外国奴隶贸易的斗争

　　有了1811年的《外国奴隶贸易废除法案》的修正法案，这支英国巡逻队很快使所有英国船不再从事奴隶贸易。挂着外国国旗从事奴隶贸易的英国人也越来越少。一个法意混血的奴隶交易者曾长期在非洲和西印度群岛之间从事奴隶贸易。他宣称，自己见过很多船员。在这些贩奴船上来自各个国家的底层人士中，"我只认识一个英国人"，此人是个船舱服务员。事实是，如果其他海上强国能出动与自己的海上力量匹配的巡逻队，那么整个奴隶贸易是可以在短时间内被遏制的。即使奴隶贸易被完全废除的想法过于乐观，但如果其他海上强国能允许英国做原本属于这些国家的分内之事，至少可以在一定程度上减少奴隶贸易量。英国政府年复一年地敦促其他国家做出"相互搜寻权"方面的让步，也就是说，在两个海上强国达成共识的情况下，其中一国的巡洋舰如果怀疑对方国家的船正在从事奴隶贸易，就有权制止对方船的航行。如果对方船确实正在从事奴隶贸易，那么巡洋舰有权将对方船带到指定港口。混合委员会法院有权动用两国的反奴隶贸易的法律来审理该案件。对任何一个国家来说，同意上述做法本是情理之中的事，但我们同样不难理解的是，为什么要征得双方同意会这么困难。一些国家的政府同情奴隶贸易，即使反奴隶贸易的法律已经获得通过，也仍对奴隶贸易采取听之任之的态度。不过，反奴隶贸易的主要障碍来自这些国家对英国海上实力的嫉妒。从理论上来说，英国国旗和其他国家的国旗一样，一旦被非本国的巡洋舰盯上，只能等着"受辱"。然而，从实际上来看，只要英国的巡洋舰出海行动，所谓的"相互搜寻权"几乎会被傲慢的英国水手独占。由于在拿破仑战争期间对挂着中立国旗的船横加干涉，这些英国水手从此落下恶名。法国人坚信，英国如此积极地使用"相互搜寻权"，根本不是出于人道主义的目的，而是想要彰显大不列颠（Britannia）的海上霸主地位。在这样的氛围中，英国外交部的工作变得非常困难，工作进展也十分缓慢。

1817年，西班牙王国与英国签订了《反奴隶贸易条约》。条约限制了西班牙王国开展奴隶贸易的范围，对"相互搜寻权"做出了规定，并在塞拉利昂和哈瓦那设立了混合委员会法院。然而，《反奴隶贸易条约》并非如英国的慈善家希望的那样"实际废除"了奴隶贸易。究其原因，主要有以下两点。第一，由于英国和西班牙的法院工作人员的判断常常相悖，通过抽签决定案件审理结果一度成为常态。第二个原因尤其重要，按照《反奴隶贸易条约》规定，只有在船上的确有奴隶的情况下，西班牙的贩奴者才会被抓。为了逃避惩罚，贩奴者会先把奴隶藏在海岸的某个地方，等夜幕降临、有浓雾的天气出现或风向改变之时，再趁机逃出巡洋舰的视线。一旦巡洋舰发现异常情况开始追捕贩奴船，贩奴者便会将奴隶扔下船。这种做法通常是不得已而为之，毕竟有几十名甚至几百名将带来利润的奴隶会因此丧生。不过，采取这种做法的贩奴者不在少数。1822年，西班牙不得不签订另一份条约，允许得到有奴隶在贩奴船上的证据后再抓捕贩奴船，但由于《反奴隶贸易条约》在实施过程中遇到了诸多困难，条约实际上形同虚设。直到1835年，在对从事奴隶贸易的人提高惩戒力度之外，西班牙政府还同意了一项条款，即只要发现船上有用来装载奴隶的甲板或捆绑奴隶的锁链及其他用具，一律将此船截获。西班牙国旗从此再不能被用来保护贩奴船了。

　　要取得与葡萄牙的合作更是难上加难。1817年，葡萄牙勉强同意了"相互搜寻权"，但当一份与西班牙于1835年签订的内容相同的条约被提交到里斯本时，葡萄牙人坚决拒绝在条约上签字。在整整三年的时间里，帕默斯顿勋爵[①]（Lord Palmerston）都在为此条约的签订不懈努力着。葡萄牙王国的大臣们并非不愿意颁布新的法令，但他们说什么也不肯让这些新的法令生效。帕默斯顿勋爵用措辞犀利的语言毫不客气地予以回应。他说："这些葡萄牙的船在海面上肆意航行，为其他国家的犯罪行为提供便利；如果葡萄牙的船不够用，就会将自己的国旗借给他国，充当外国海盗恶行的挡箭牌。"终于，对征得葡萄牙的同意已经不抱任何希望的英国政府直截了当地或者说情有可原地打破了一切国际行为准则。1839年，在警告葡萄牙无果后，英国议会通过一项法案，规定葡萄牙船（和不隶属于任何国家的船）如果被发现设

---

① 即亨利·约翰·坦普尔（Henry John Temple，1784—1865），英国政治家，两次担任首相（1855年到1858年及1859年到1865年），三次担任外交大臣（1830年到1834年、1835年到1841年及1846年到1851年）。——编者注

有开展奴隶贸易的装备，可由英国巡洋舰截获，带至英国法院接受审理，处理手段与英国船一视同仁。在这个了不起的法案生效的三年里，正如帕默斯顿勋爵所预测的那样，挂着葡萄牙国旗的开展奴隶贸易的船基本被清除了。1842年，葡萄牙终于做出让步，签订条约，宣布从事奴隶贸易为海盗行为，在一项"装备条款"中批准了"相互搜寻权"。1843年，对葡萄牙船产生影响的《1839年法案》被废除。

法国曾不止一次与英国争夺海上霸主的地位，因此，在所有欧洲大国中，法国最不可能默许英国干预自己的航运。法国直接拒绝了西班牙和葡萄牙于1817年接受的"相互搜寻权"。然而，法国人对奴隶贸易的态度与之前相比已经发生了巨大的变化。在他们的推波助澜下，法国出台了《1831年废奴法》。1831年，法国与英国签订了一项搜寻协定。1833年，"装备条款"被加入了一项公约的补充条款中。以上法律和协定的执行并非由英国海军独自完成。法国巡洋舰开始在海上奋力搜寻贩奴船，为自己多年来的不作为赎罪。不幸的是，这种相互信任和一心求胜的热情并没有持续太长时间。究其原因，部分是因为19世纪40年代的法国与英国在其他问题上的争端不止一次把两国关系推向临界点，部分是因为在美国提出的规范和做法的影响下，法国舆论转向了反对"相互搜寻权"的立场。1845年，1831年签订的搜寻协定被搁置，取而代之的是法国和英国之间达成的共识，即两国各自派遣一支由二十六艘船组成的船队在非洲海岸巡逻。双方决定，英国免除对盗用法国国旗的船的监管。这一决定确实在情理之中，但同时要求两国维持之前的海面力量。然而，法国船队的船数很快就减少为十二艘。1848年，一名在西非执勤的英国海军准将报告称，在过去的两年里，没有一艘贩奴船是由法国巡洋舰截获的。

美国的态度一开始让人迷惑。但我们不要忘了，多年来，与美国北方遍布的人道主义思想抗衡的是美国南方的嫉妒和猜疑。正如之前的牙买加一样，美国南方很容易把针对奴隶贸易的抨击等同于针对奴隶制的抨击。当时，没有一个美国政治家想要加深北方与南方之间的裂痕。一旦这么做，将有可能使整个美国分崩离析。人们或许会问，如果奴隶制是英国南部各郡的支柱，英国是否还能废除本国的奴隶制呢？我们同样不要忘了，在英国干预他国航运的问题上，美国一直十分敏感。英国战舰之所以随意拦截和巡查美国船，一是因为要强征在美国船上找到的英国公民入伍，二是因为要找回英国海军的逃兵，这成了1812年战争[①]的主要导火索之一。在1815年《根特和约》签订后，这一争端仍然是英国和美国关系最一触即发的问题，不仅因为争端有损国家尊严，还因为美国方面认为，自己有维护"海洋自由"这一重大原则的义务，以及维护相对弱小民族反抗强大的英国海军

---

① 又称"第二次独立战争""美英战争"，是1812到1815年美国与英国之间发生的战争，也是美国独立后第一次对外战争。——译者注

力量的权利。因此，美国在"相互搜寻权"方面毫不妥协也就不足为怪了。在英国和美国长期相持不下的过程中，美国在争端初期只有一次态度软化。1822年到1824年，美国的参议院和众议院同意做出"相互搜寻权"方面的让步，但被总统詹姆斯·门罗（James Monroe）拒绝，而当詹姆斯·门罗最终改变心意，同意签订条约时，参议院又拒绝予以通过。伦敦的外交大臣们和华盛顿（Washington）的大使们奔走请愿，但于事无补。外交大臣们和大使们甚至提出，只要同意在规定的从事奴隶贸易的范围内行使"相互搜寻权"，则放弃行使在其他地区的"相互搜寻权"，并且不再强征被截获的船上的水手入伍。外交大臣们和大使们的努力没有奏效。1841年，在与美国单独谈判无望后，英国政府成功得到了《维也纳宣言》的主要伙伴国法国、奥地利帝国、普鲁士王国和俄国在一项"相互搜寻权"条约上的签名，并想要借此集合其他欧洲国家共同呼吁美国加入。然而，由于美国对英国在近东政策的不满，加上美国驻法国大使刘易斯·卡斯（Lewis Cass）为阻止法国批准《五方条约》而提出强烈抗议，《五方条约》最终未能签署。虽然没能得到阻截和搜寻美国船的权力，但经过反复讨论后，英国政府宣布，英国一旦发现疑似悬挂美国国旗以混淆视听的船，将有权连续巡查该船。1842年到1856年，许多欧洲贩奴船被发现并被截获。然而，英国的做法吃力不讨好。美国政府称，英国军官如果要巡查船，只会"给自己带来风险"。

第6章 与外国奴隶贸易的斗争

　　如果美国政府能出动自己的海军和警力部署在美国和非洲海岸，以有效执行本国的1807年和1819年制订的废除奴隶制的法律，美国在"相互搜寻权"方面的强硬立场也许起不了多大的作用。然而，美国在废奴方面的行动并不充分，并且缺乏连续性。1807年后，将奴隶从西印度群岛偷运到佐治亚州、佛罗里达州和路易斯安那州的河湾地区带来的巨大利润使许多人铤而走险。新奥尔良的一个运奴团伙在两年的时间里赚了六万五千美元。从非洲直接偷运奴隶的交易也时有发生。更加糟糕的是，美国对奴隶的需求还在不断上升。弗吉尼亚州等地的奴隶农场已经不能满足棉花产业的发展所需的劳动力。不仅如此，新"蓄奴州"的发展成了——正如一位国会议员所言——"没有非洲人就不能解决"的紧迫政治问题。美国南方出现了废除反奴隶贸易法的呼声。连杰斐逊·戴维斯（Jefferson Davis）对授权重新开启奴隶贸易的反对，都并非出于原则上的考虑，而只是一种权宜之计。美国人并不只是对向本国输入奴隶感兴趣。那一排排停泊在海面的帆船就是为了与古巴和巴西开展全面贸易。富裕的西班牙承包商定期在新英格兰的港口从事购买和装备贩奴船的生意。总部设在纽约的库尼亚·赖斯公司主要从事奴隶贸易方面的业务。纽约、波士顿和新奥尔良成立了不少旨在推动"远航非洲"的合股公司。1863年，英国驻纽约领事爱德华·莫蒂默·阿奇博尔德（Edward Mortimer Archibald）在报告中称，1857年到1861年，在一百七十个贩奴的远航活动中，"已知或认为"有七十四个从纽约启程，四十三个从美国其他港口启程，四十个从古巴启程，其余远航则从欧洲启程。

　　还有更多的事例说明美国法律在约束从非洲输入奴隶方面的效力。1819年通过的《保护美国商业与惩罚海盗罪行法案》给了詹姆斯·门罗在非洲等地的海岸部署美国海军以截获美国贩奴船的权力。美国政府为此拨款十万美元。然而，被派往非洲的巡洋舰少之又少，仅有的一些巡洋舰也只在奴隶贸易活动暂停时才会出现。大部分拨款被用于为获得自由的奴隶维持生计。1823年，拨款数目下降为五万美元，1834年变为五千美元，到1842年前数目几乎为零。1842年，英国和美国签订的《伯斯特－阿什伯顿条约》为两国的争端提供了解决方案，其中规定，美国通过维持"一支打击能力不低于八十架大炮并且数量充足的舰队……以遏制奴隶贸易"。这一规定一定程度上得到了落实。在此后的十五年里，执行非洲任务的美国战舰平均数量为四点四艘，平均大炮数量为七十七架。然而，由于美国政府坚决反对在非洲海岸设立物资基地，大部分舰队只是航行到佛得角群岛或马德拉便又返程。一名美国军官承认，在十五个月的时间里，自己的船在规定的地点停留了二十二天。美国人逐渐采取更有力的行动。1860年，美国总统詹姆斯·布坎南（James Buchanan）得到四万美元的拨款后，派出四艘快速炮舰，在刚果海岸执行了几次截获任务。然而，总的来看，美国政府的行动远不及本国的海军军官希望的那样有力和连贯。与英国的海军军官一样，美国的海军军官

极不情愿看到奴隶贸易就在眼前进行，心中充满无限愤慨。美国
政府为了不让美国海军军官打击奴隶贸易，制订了各种规则，但
苦于鞭长莫及。美国海军军官一次又一次勇敢地打破了规则。许
多英国舰队司令官对美国海军军官的"真诚合作"表达了崇高的
敬意。

　　英国海军部曾向美国方面提出，将保护美国国旗不被滥
用，但美国方面拒绝了，称英国海军部不得处理超出美国海军
部职权范畴的事务。美国方面的做法到头来成了一桩颇具反讽
意味的悲剧——拯救奴隶贸易的是一面叫"自由"的旗帜。不
过，大部分的犯事者都不是美国人。全世界的偷运奴隶者在装
满奴隶的货船上悬挂的，是最不可能接受英国巡洋舰询问的旗
帜。自1815年以来的前二十年里，偷运奴隶者喜欢使用的是西班
牙或法国国旗。1833年和1835年的条约签订后，他们又转向了
葡萄牙国旗。自从《1839年帕默斯顿法案》通过之后，他们又
将目光锁在了唯一可以免受搜寻的国旗：星条旗。在《1839年
帕默斯顿法案》通过后不久，英国驻美国大使亨利·史蒂芬·福
克斯（Henry Stephen Fox）在给华盛顿的一份报告中称："西班
牙、葡萄牙和巴西的贩奴者及全世界各国的不法分子和海盗正在
以美国国旗为掩护纷纷行动起来。"他还预测："很快，绝大
部分奴隶贸易将在美国国旗的保护下继续开展。"事实的确如
此。偷运奴隶者生怕有人质疑国旗的真实性，还为自己准备了伪
造的美国文件，以备不时之需。西班牙人购买美国船后，对外

谎称仍为美国船，以从事古巴奴隶贸易。这一做法成了公开的丑闻。美国官员自然对此心知肚明，但由于缺乏充分的海军行动，他们几乎不可能真正加以制止。美国驻哈瓦那领事尼古拉斯·特里斯特（Nicholas Trist）一直在伪造文件。直到被人发现后，尼古拉斯·特里斯特才被召回。好在他只是个例。以马姆斯伯里勋爵[①]（Lord Malmesbury）为代表的其他领事发出了"美国国旗的神圣性被完全亵渎了"的痛斥。1843年，美国驻巴西领事亨利·A.怀斯（Henry A. Wise）在里约热内卢写道："一谈到我们美国人，人们就会想到，只有我们可以不用害怕英国巡洋舰而继续从事奴隶贸易。"

以上就是各种阻碍英国完全废除奴隶贸易的因素——最后这一阻碍是不可逾越的。我们因此不难理解，为什么多年来，外国政府不断签订各种条约，其结果却是让偷运奴隶者悄无声息地在贩奴船上挂上其他国家的国旗。看上去英国正在做的是一件无疾而终的事。既然总会有漏网之鱼，还有什么捕鱼的必要呢？大西洋上运输的奴隶数量估计不减反增。1812年战争结束后的二十五年里，每年输入巴西和古巴的奴隶总数至少十万。据有的机构估计，每年输入包括里库港、布宜诺斯艾利斯和美国在内的地方的

---

① 即詹姆斯·霍华德·哈里斯（James Howard Harris，1807—1889），维多利亚时代英国政治家，曾任外交大臣和掌玺大臣。他与路易·拿破仑友谊深厚，因此，路易·拿破仑（即拿破仑三世）将法兰西共和国变为帝国时，英国采取了默认的态度。——编者注

第6章 与外国奴隶贸易的斗争

奴隶总数超过了十五万——在18世纪奴隶贸易最繁荣的时期都没有达到这个数字。"人类牺牲品的数量已经是当年威尔伯福斯和托马斯·克拉克森扛起崇高使命时的两倍"。1839年，在结束了与奴隶制的长期斗争后，完成了惊人挑战的巴克斯顿再次与奴隶贸易做斗争。在《非洲奴隶贸易及对策》一书中，巴克斯顿以从官方报道那里收集来的详细事实与数据为依据，指出需立即加强非洲船队的力量。他的主要观点是："强硬手段"已经不起作用，如果只使用"强硬手段"，结局不会改变。胁迫政策需辅之以对西非的教化，尤其是教会当地人如何利用土地资源——正如他所言，"通过文明、基督教和开发土地推翻奴隶贸易"，"通过开发非洲自身资源"确保"非洲的解放"。换言之，这正是小威廉·皮特和威尔伯福斯推崇的被长期搁置的"积极政策"。非洲协会成立的初衷是教化非洲人，但1826年就已解散。巴克斯顿的《非洲奴隶贸易及对策》又让非洲协会重焕生机。人们对书中列举的数字震惊不已，纷纷要求重启由来已久的废奴事业。非洲协会有了一个新名字：消除奴隶贸易和促进非洲文明协会。协会由巴克斯顿担任主席，成员中有一长串英国贵族和英国议员的名字。托马斯·巴宾顿·麦考利的名字赫然在列。墨尔本子爵[①]（Viscount Melbourne）主持下的内阁，尤其是内政大臣拉塞尔

---

① 即威廉·兰姆（William Lamb，1779—1848），英国辉格党政治家，曾任内政大臣和首相。——编者注

伯爵[①]（Earl Russell）、战争与殖民地事务大臣格莱内尔格男爵[②]（Baron Glenelg）不仅持支持的态度，甚至成了促进非洲文明的指挥者。

为了实施福韦尔·巴克斯顿的雄心勃勃的计划的第一步，内阁成员组织了一场前往尼日尔的官方考察活动，通过调查当地村庄经济实力及与各酋长签订条约，为在尼日尔开展商业活动铺平道路。1841年春，从英国启程时，尼日尔考察队受到了最高礼遇。阿尔伯特亲王（Prince Consort）参观了在泰晤士河上的三艘汽船。巴克斯顿受封准男爵。然而，尼日尔考察活动以悲剧告终。船还没有靠岸，船员们就接连高热。有两艘装满病恹恹的船员的船很快开回了公海。还有一艘船逆流航行了三百二十英里。一项条约缔结了，一个示范型农场开垦了，匆匆忙忙的勘探行动也完成了。由于大部分船员已经无法工作，这艘船不得不寻找安全之所。在参加尼日尔考察行动的一百九十三名白人中，有四十一名死亡。尼日尔考察行动的惨败在英国掀起轩然大波。报纸刊登文章，猛烈抨击那些让自己的同胞去送死的"疯子"。"积极政策"失去了号召力，甚至饱受指摘。消除奴隶贸

---

① 即约翰·拉塞尔（John Russell，1792—1878），19世纪中期英国辉格党与自由党政治家。1864年，他第一次出任首相，1865年，他第二次出任首相。——编者注
② 即查尔斯·格兰特（Charles Grant，1778—1866），苏格兰政治家，曾任财政大臣、战争与殖民地事务大臣等要职。——编者注

易和促进非洲文明协会在更名为"非洲文明协会"后，于1843年
解散。巴克斯顿一直在过度消耗自己的精力，他似乎再没有从这
次的失望中走出来，于1845年去世。

现在，又只剩下胁迫政策单枪匹马地与奴隶贸易做斗争。虽
然胁迫政策未被废止，但执行不力的苗头已经出现。巴克斯顿认
为胁迫政策本身不够彻底，但他希望加强而非弃用胁迫政策。废
奴运动发展到后期，废奴主义者分成了两大阵营：以巴克斯顿为
代表的一方提出将"积极政策"和"消极政策"结合起来；另
一方则认为应该完全弃用"消极政策"。1839年，资深的废
奴主义者托马斯·克拉克森的《废除奴隶贸易史》一书得以再
版。他在新的序言部分强调，如果与外国签订的废奴条约不能立
即遏制整个奴隶贸易——事实的确如此，那么这些条约应该被取
消，因为它们将罪恶增加了一百倍，除了将钱投入战舰，没有任
何用处。同年，约瑟夫·斯特奇创立了英国和外国废奴协会，旨
在废除奴隶制而非奴隶贸易。英国和外国废奴协会秉持贵格会
原则，拒绝在反对奴隶贸易时使用武力。这些"反对胁迫政策
的人"非常具有说服力。实施胁迫政策意味着即使不会欺凌他
国，至少会对他国造成无休止的侵扰。自1815年以来，胁迫政
策的实施已经花掉了一千五百万英镑，并且将英国水手置于不卫
生的环境中。不仅如此，胁迫政策并没有达到预期目的。奴隶贸
易的交易量不仅增加了，其残忍程度也随之增加，这是因为偷运
奴隶者害怕装着奴隶的船被英国巡洋舰抓住，于是把更多的奴隶

塞在船里。甲板之间的距离通常不超过三英尺，有时甚至只有十八英寸。为了填满空隙，奴隶们只得弯曲着身体，就像"放置勺子"的方法一样，脸贴着背紧紧地挤在一起，下船几天后还无法挺直身体。更多时候，为了躲避英国人的追捕和审判，成百上千的奴隶被扔进大海喂了鲨鱼。以上关于反对奴隶贸易的论据不可能被人们忽视，再加上《曼彻斯特学报》的推波助澜，它们成了公共事务中最引人关注的部分。英国与西非之间的商业往来缓慢发展。"油河区"[①]的交易者在尼日尔河三角洲定居下来。尼日尔的棕榈油被用来交换从英国进口的商品。虽然棕榈油的交易量并不稳定，但总量十分可观。在进口商品中，最受欢迎的是曼彻斯特的棉产品。但不幸的是，大部分棉产品满足的不是"合法"交易的需求，而是偷运奴隶者的需求。偷运奴隶者购买棉产品后，又将其卖出换取奴隶。不过，我们不能据此认为，商人大都对奴隶贸易受压制的事实不以为然。不要忘了美国内战期间，兰开夏郡在奴隶问题上采取的态度。理查德·科布登（Richard Cobden）和约翰·布赖特（John Bright）更是占领了道德高地。两人认为，成本高昂的胁迫政策不仅没有发挥作用，还阻碍了大西洋两岸"合法"交易的自然发展，并使西非海岸局势多变、战事频发。"我们最忠实的主顾之一"巴西因受到排挤而

---

① "油河区"是尼日尔三角洲的别名，因此处盛产棕榈油而得名。——译者注

十分不快。约翰·布赖特说，由于"我们掺和奴隶问题"和通过"在非洲和巴西海岸巡逻来帮助别人的这种让人摸不着头脑的想法"，英国的整个商业体系开始失序。约翰·布赖特还认为，英国政府不该如此关注压制奴隶贸易，而应把重心更多放在棉花产业的发展上。此时，约翰·布赖特已不再是1861年到1865年的约翰·布赖特。当年，他大力宣传美国南方蓄奴州的"自由贸易"言论，还谴责奴隶制是"极其残酷的制度"。威廉·尤尔特·格拉德斯通也不再像当年一样，对那不勒斯监狱和发生在保加利亚的"暴行"口诛笔伐。他现在不仅加入了抨击签订条约和执行巡逻任务的队伍，还否认"一个国家的政府应该纠正另一个国家的不道德的行为"是上帝的旨意。

这样的抨击很有分量，但胁迫政策的维护者也给出了自己的理由。他们说，在非洲海岸阻碍贸易发展的不是英国的巡洋舰，而是因抢夺奴隶直接引发的频繁的非洲内陆战事。所有棕榈油交易者都对此心知肚明。由于船舱中塞进了更多的奴隶，奴隶承受了极大的痛苦。古巴和巴西的奴隶被解救后，就可以摆脱终生为奴的命运（也许这种说法略显夸张），这对奴隶来说岂不更加重要？"装备条款"防止奴隶溺水而亡。的确，欧洲对奴隶生产的蔗糖和棉花的需求极大地推动了奴隶贸易的发展，但没有人会认为，仅凭英国的胁迫政策就能完全消灭奴隶贸易。英国试图通过胁迫政策缩小奴隶贸易的范围，并获得了成功。在赤道以北地区，奴隶贸易被限制在一条三百英里长的地带。虽然最棘手的巴西奴隶贸易仍保持着每年输入约两万名奴隶的交易量，但输入古巴的奴隶已经从1839年的两万五千名下降到1845年的一千三百名。虽然在遏制奴隶贸易发展方面有了新的重点，比如，在贩奴船还没有装载奴隶时就进行拦截，阻止其出海，而不仅是在贩奴船装满奴隶后再进行追捕，但1810年到1846年，仍然有十一万六千八百名奴隶在贩奴船上被发现并解救。从某种意义上来说，绝大多数被安全偷运渡海的奴隶遭受的痛苦得以减轻，毕竟要找到能替换古巴的奴隶——如果不把巴西的奴隶算进来——变得越来越困难，因此，这些奴隶会得到比以前更好的待遇。以上种种便是胁迫政策带来的结果，而这是其他任何政策都无法达到的效果。

胁迫政策的主要维护者帕默斯顿勋爵也是其主要发起人。他是一个独断专行、思想褊狭之人，被人们或褒或贬地称为一头好斗的"约翰牛"，而他身上具备的最典型的英国人特征便是对奴隶贸易的憎恨。帕默斯顿勋爵分别于1830年到1841年和1846年到1851年担任外交大臣，后又担任首相一职，这使他能用手中的权力实施胁迫政策；即使不再担任首相后，他仍不忘不断提请议会关注胁迫政策。1844年，正当罗伯特·皮尔的内阁面对不断抬头的"反胁迫政策"势力时，帕默斯顿勋爵做了一次平生最伟大的演讲。这次演讲不是在展示雄辩或辩证的艺术，也不试图说教或让听众理性思考，它仅仅是将演讲者目睹的赤裸裸的事实明明白白地摆在下议院面前。在引用福韦尔·巴克斯顿关于奴隶贸易

第 6 章　与外国奴隶贸易的斗争

年交易量的统计数字时，帕默斯顿勋爵这样说道：

> 　　每个数字代表的是一个人，加起来是一个多么庞大的人群，会占据多大面积的土地……请诸君不妨想象一下，在一片广袤的平原上，十五万人正浩浩荡荡地从你身边走过。这时，有人告诉你，等待这些人的不过是同一种宿命：你的那些有血有肉同类，正在被驱赶着往前走。他们将遭受种种身心的折磨，年纪轻轻便在痛苦中死去。此时，又有人告诉你，这并不是某一个或偶然的灾难。年复一年，同样多的受害者还会踏上同一片土地。他们匆匆赶路，可路的尽头只有永远不变的悲惨命运。你的心中又做何感想？

　　帕默斯顿勋爵的演讲层层推进，接着又描述了奴隶被奴役的过程。一个非洲村庄的某天夜里，奴隶突然被人掳走；茅舍在熊熊燃烧，村民们被团团围住，身强体壮的男女老少被挑选出来带走，那些上了年纪、病弱的人和幼儿要么被杀，要么留在村里挨饿；剩下的人则戴着铁链、排着长队来到海边；鞭子一次次地抽打在那些疲惫不堪、体弱多病的人身上，好让他们清醒；要是鞭子不管用了，他们便会在中途被扔在路边，没有食物，最后被野兽啃食；到了海边的人便交给贩奴船船长；在前往未知、荒凉的海边的路上，又淘汰了一批身子骨不那么强壮的人；还活着的人上了船，挤在狭小的船舱里。很多人在掳掠和跋涉中被杀、病死或饿死，他们还要经历恐怖的"中间航道"：一路伴随着他们的是拥挤、炎热、饥渴、肮脏、恶臭、疾病，如果有人出现传染病的症状，就会被扔进大海。遇到狂风暴雨的天气时，舱口会被盖上，船舱里戴着手铐脚镣的奴隶拼命想呼吸一口新鲜空气，有的死于窒息，有的死于痢疾，有的甚至因惊吓而死。船终于在古巴或巴西靠岸，接下来，有人会对奴隶的皮肤做一番"处理^①"，好让他们在拍卖会上卖个好价钱。奴隶被卖到种植园后，还要经历一段"适应期"。经过这段时期还能活下来的人将终生为奴，但通常命短。

帕默斯顿勋爵用冷冰冰的事实无情地揭露了奴隶贸易真实的运作情况。他在演讲中指出，一部分受害者最终沦为奴隶，而在这个过程中，已经有很多的人死去。亨利·约翰·坦普尔用直白、简单的语言向听众发起呼吁。

　　　　如果这就是上个世纪^②一直存在的现象，那么一定已经有数百万非洲人的生命逝去！我敢说，即使将人类犯下的所有其他罪行累加，也不会超过万恶的奴隶贸易导致的罪行。上帝赋予了每个政府和国家终结这一罪行

---

① "处理"方式包括在奴隶身上涂抹黄油，既可以掩盖他们身上的伤口，又会让他们的皮肤看起来发亮。——译者注
② 指18世纪。——译者注

的手段，难道我们不应将这些手段用到极致吗？

　　虽然终结这一罪行需要动用纳税者的钱，也要使巡逻的水手冒着患病甚至送命的风险，但英国人对亨利·约翰·坦普尔抛出的这一问题给出的回答是一致的。无论是辉格党还是托利党，大多数政党领袖也给出了同样的回答。如果要问谁支持胁迫政策的决心和毅力仅次于帕默斯顿勋爵，那么此人非罗素勋爵莫属。罗素勋爵是由帕默斯顿勋爵亲自挑选的。当反胁迫政策运动达到顶峰，一度削弱了政府的抵抗力量时，罗素勋爵予以了正面有力的回击。1845年，来自盖茨黑德的议员威廉·赫特（William Hutt）（之后受封为爵士）在下议院开启了辩论。1848年，他重新主持辩论；1849年，他提出动议，请求为撤走巡洋舰做准备。人们很容易认为，理查德·科布登、约翰·布赖特和威廉·尤尔特·格拉德斯通会支持这一动议。不少内阁成员表达了担忧：如果罗素勋爵政府固执己见，动议将有可能不被通过。在辩论的那天早晨，首相罗素勋爵召集自己所在政党成员开了一次会议，并直截了当地告诉参会者，如果动议通过，他就辞职。他的威胁起到了效果。动议以两百三十二票反对、一百五十四票支持的结果未获通过。

　　就这样，巡洋舰队继续在海上工作。现在，巡洋舰队即将光荣完成使命。除了偷运到美国的奴隶，几乎只有古巴和巴西是跨大西洋奴隶交易的输入国。其中，输入巴西的奴隶要比输入古巴的奴隶多得多，沿着巴西长长的海岸线巡逻的难度也更大。1845年，混合委员会法院的合约期已满，但巴西政府拒绝续约。在好几个月的时间里，巴西奴隶贸易不受限制。英国政府终于下定决心用1839年对待本国奴隶贸易的强硬手段对待巴西奴隶贸易，通过了《阿伯丁法案》，规定巴西贩奴者由英国海军部审判。然而，《阿伯丁法案》带来的积极成果因《1846年英国粮税法案》化为乌有。巴西奴隶贸易量翻了一番。1849年，巴西的奴隶成交量超过了五万名。就在此时，巴西的新政党——民族党站在了废奴斗争的前沿。日益受到年轻人欢迎的民族党背后有强大的媒体支持。党派致力于维护"纯粹的巴西人"的利益，决心打破一部分有钱的葡萄牙移民专属的政治权利。从事奴隶贸易的正是这群葡萄牙人：他们因奴隶贸易而发家致富，自然痛恨英国人。民族党人则是亲英人士。他们说不上有多么痛恨奴隶贸易，但至少对奴隶贸易态度冷淡。在这样的环境下，1850年，帕默斯顿勋爵感到有必要重拾阿伯丁伯爵（Earl of Aberdeen）的强硬政策。帕默斯顿勋爵下令，无论是在巴西水域还是在公海，只要出现贩奴船，一律将其拦下。里约热内卢发生了骚乱。当地的英国人因此受到了羞辱。然而，那些有头有脸的葡萄牙商人发现，自己的力量还不足以引发全面动乱。动荡持续几周后，巴西政府终于妥协了。时任外交大臣的帕默斯顿勋爵说："我会尽一切可能维护这个国家的光荣与尊严，但绝不要认为，当一个像英国这样的国家如此笃定地压制奴隶贸易时，偷运奴隶的现象还能长期存在下去。"执法措施第一次有力地实施了。巴西的巡洋舰被派来与英国的巡洋舰共同执行任务。海岸上关押奴隶的集中场所被烧掉。奴隶刚一上岸就被带走。不少船被截获。迅速出击的行动十分奏效。在里约热内卢的谋利者意识到游戏已经结束，于是带着钱财逃到了葡萄牙。据报道，不到一百四十名贩奴者在从巴西回国时，身上带的钱超过一百万英镑。不久，巴西的奴隶贸易便结束了。1851年，输入巴西的奴隶数量降至三千名，1852年降至七百名。1853年，巴西的奴隶贸易基本停止。现在还剩下古巴的奴隶贸易问题没有解决。和巴西不同的是，古巴仍然是西班牙的殖民地，因此，古巴的奴隶贸易是西班牙政府要处理的事务。西班牙政府任命了几任总督去管理古巴，但除了一两个为官正直，其余总督都与从事奴隶贸易的人共谋以赚取利润——莱奥波尔多·奥唐纳（Leopoldo O'Donnell）从总督的位置退下时，已经赚了十万英镑。可以说，《1820年法案》完全是有名无实的。大约在1850年，维多利亚女王一家从奴隶贸易中获得了巨大的金钱利益。通过维多利亚女王代理人的运作，1853年，奴隶贸易量增加到了一万两千五百名。英国政府提出强烈的抗议，想要通过从事奴隶贸易者必须进行登记的办法压制奴隶贸易发展，但漏网之鱼很多。另外，由于英国奴隶贸易牵涉到美国人的利益，英国巡洋舰在美国海岸的行动受阻。在美国政府同意下，海岸封锁加强了。由来已久的星条旗荣誉之争又开始了。美国报纸显然受了奴隶贸易既得利益者的影响，痛批英国在西印度群岛的"胡作非为"。威廉·赫特及其朋友们抓住机会，再次表达了对胁迫政策的不满。1858年，帕默斯顿勋爵辞去首相一职。此时，英国政府对美国人采取了比对葡萄牙人和巴西人更温和的态度。实际上，英国甚至放弃了巡查悬挂美国国旗的船舶的权力。1859年，输入美国的奴隶数量突破三万人。不过，在非洲海岸巡逻的英国船并没有撤走。自从四艘美国炮舰加入，到1860年，偷运奴隶者的活动范围被限制在刚果以北和以南长约五百英里的地带，再加上刚刚被任命为古巴总督的弗朗西斯科·塞拉诺（Francisco Serrano）为官廉洁，1860年输入古巴的奴隶数量减少到不足两万人。然而，1861年，这一数字又涨到两万四千，但这只是一次历史的回光返照罢了。1861年3月4日，当林肯宣誓就职成为美国总统时，奴隶贸易败局已定。

三周前，美国北方和南方之间长期的紧张态势在萨姆特堡爆发了。新英格兰的人道主义一直以来都在主张遏制奴隶贸易，但饱受打压，而现在已经没有遏制人道主义的必要了，否则可能会导致新英格兰与蓄奴州之间的分裂。一劳永逸地完全消灭奴隶贸易的因素——美国全心全意的支持终于来到了。

林肯就任后的第一记重拳是执行由来已久的法律。在从事奴隶贸易的所有港口都设立了审查点。最繁忙的交易港口纽约很快进行了全面审查。一名英国领事在报告中称，审查工作的"警觉性和热情闻所未闻"。为了向公众证明政府动了真格，也为了威慑犯事者，一个叫纳撒尼尔·戈登（Nathaniel Gordon）的刚果

第 6 章 与外国奴隶贸易的斗争

贩奴者被处以绞刑——他成为第一个也是最后一个按照《1820年法案》规定被执行死刑的人。第二记重拳是签订一项与英国的条约。美国内战刚刚爆发时，美国战舰就从非洲海岸撤走。这样一来，要展开海上的反对奴隶贸易的合作，只剩下一条光明的道路可以选择。美国和英国做出表率，于1862年4月7日签订了一项条约，即《美英压制奴隶贸易条约》[①]。条约承认了"相互搜寻权"，补充了一条"有关船上装备的条款"，并设立混合委员会法院。1862年4月24日，《美英压制奴隶贸易条约》得到美国参议院一致通过。马德里方面明白这样广泛的共识意味着什么。总督多明戈·杜尔塞（Domingo Dulce）的统治比弗朗西斯科·塞拉诺更加严格。杜尔塞在一封急件中批准了可以在古巴采取的措施。在一连串的重击之下，奴隶贸易开始衰落。美国的港口不能交易后，贩奴者又把目光投向了欧洲港口，将其作为秘密据点，并因此在马赛、加的斯，甚至利物浦进行过一次秘密交易。由于无法再使用过去三十年中唯一能保护自己的国旗，贩奴船从来没有像现在这样屈服于英国的海事力量。1862年9月，林肯的最后一记重拳落了下来。初版《解放奴隶宣言》宣布，从1863年开始，所有叛乱州的奴隶将得到解放。这一宣言预示了美国和之后整个美洲世界奴隶制的终结。乌拉圭、阿根廷和秘鲁的

[①] 条约的谈判双方代表分别为美国国务卿威廉·H.苏厄德（William H. Seward）和英国驻美国大使理查德·莱昂斯（Richard Lyons），因此，条约又被称作《苏厄德-莱昂斯条约》。——译者注

奴隶制废除的时间分别为1842年、1853年和1854年。1880年到1886年，奴隶制在古巴被废除。1883年到1888年，奴隶制在巴西被废除。由于奴隶不再是种植园主的财产，认清形势的种植园主很快便不再购买奴隶。哈瓦那的奴隶价格暴跌。奴隶贸易的风险太大，交易者不敢铤而走险。他们开始"关门停业"。输入古巴的奴隶逐步减少。1865年，英国领事对究竟有没有上岸的奴隶都"无法确定"。同年，跨大西洋奴隶贸易终于走到了尽头。就在这一年，帕默斯顿勋爵去世。巧合的是，威廉·威尔伯福斯也是在英国奴隶制废除的那一年（1833年）去世的。

不光是帕默斯顿勋爵和约翰·罗素勋爵，1807年以来的历届英国政府都没有停止过反对外国奴隶贸易的斗争，无论是在目的上还是行动力上都几乎没有动摇过。原因很简单。虽然由于贵格会不喜武力，理查德·科布登等人看重奴隶贸易对经济和产业的影响，下议院一度赢得了不少反对胁迫政策的投票，但大部分选民的立场是坚定的。约翰·罗素勋爵曾说："没有什么比奴隶贸易或奴隶制更加激起民众的道德感。"不过，普通的英国人其实并没有意识到自己的德行。在看清楚奴隶贸易的本质后，他们心中只有一个简单的念头：任何一个正派的人都会竭尽所能地出手阻止这种肮脏的交易。

CHAPTER VII

第 7 章

压制东非
奴隶贸易

非洲西海岸并非跨大西洋奴隶贸易所需奴隶的唯一来源地。另一条运输奴隶的航线从葡属东非绕过好望角到达南美洲。虽然这条路线比从安哥拉出发的运输奴隶的路线更长，船上奴隶的死亡率也因此更高——有时甚至一半以上，但自从拿破仑战争以来，还是有源源不断的奴隶经这条路线运输。1817年，有一千八百八十名奴隶从莫桑比克出发，在里约热内卢上岸；1818年，这个数字达到两千四百一十六名。到1825年，位于赤道以南的葡萄牙殖民地之间的葡萄牙奴隶贸易还不受英国巡洋舰的干预。虽然巴西获得独立后于1831年通过立法，宣布解放所有进入本国的奴隶，但巴西的奴隶贸易并没有因此停止。据1838年的一份报道称，每年有约一万名奴隶从莫桑比克和奎利马内出发，被偷运到大西洋对岸的港口。在接下来的十年中，英国巡洋舰的活动大大减少了奴隶贸易量，但大西洋的东海岸和西海岸一样，仍然有不少船在葡萄牙官员的默许下，挂着不同的国旗偷运奴隶，这种情况一直持续到古巴和巴西的奴隶制终结。

　　以上只是大西洋东海岸奴隶贸易的一部分。生活在内陆地区的当地人找到了比南美洲近得多的甘蔗种植园。波旁岛和毛里求斯岛与马达加斯加岛只相隔四五百英里；非洲大陆东南部与马达加斯加岛之间的莫桑比克海峡最狭窄的地段仅有两百三十英里宽。在拿破仑战争开始之前，波旁岛和毛里求斯岛上的法国殖民者早就已经开始从马达加斯加岛、莫桑比克海峡或北边的阿拉伯沿海城镇获取奴隶，即使在拿破仑战争结束后依然如故。我们很容易理解波旁岛上的法国殖民者的做法。与毛里求斯岛一样，波旁岛于1810年被英国军队攻占。之后，法国以和平手段收回了波旁岛，1833年以前没有采取过任何阻止波旁岛奴隶贸易的切实措施。虽然至少有一位波旁岛总督认真执法，截获了几艘船，但波旁岛的法国贩奴船几乎与塞内加尔和戈雷岛的贩奴船一样忙碌。更让人吃惊的是，英属毛里求斯岛的奴隶贸易仍在继续。在毛里求斯岛被英国人攻占后的七年时间里，可能有多达三万名奴隶被运输至此。虽然运输数量在1817年后有所下降，但直到1821年前，奴隶交易仍十分活跃。罗伯特·汤森·法夸尔（Robert Townsend Farquhar）爵士分别于1812年到1817年和1820年到1823年担任毛里求斯岛总督。虽然慈善家严厉指责了他的不作为，但他的行事风格并非毫无道理可言。他奉命管理的殖民者不是英国人，而是法国人。这些法国殖民者不像西印度群岛的英国种植园主那样长期面对关于废除奴隶贸易的争论。加之，在一个新的殖民地加入后，法国殖民者一方面需要对陌生、有怨气的英国人采取和解的政策，而另一方面，英国人突然破坏被法国殖民者视为生计必需的奴隶贸易，还要把包括领头者在内所有参与奴隶贸易的人贴上重罪犯的标签，这令法国殖民者怒不可遏。法夸尔爵士就任后不久，便去询问愤怒的殖民地部，1807年的《外国奴隶贸易废除法案》和1811年的《刑法案》是否适用于一个1810年才被英国人占领并且尚未正式割让的殖民地。然而，当1813年这两个法案宣布实施后，法夸尔爵士似乎认为，毛里求斯岛的河流和森林为偷运奴隶提供了便利，当地人又一致支持奴隶贸易，因此不可能执行上述法案。不过，通过公开谴责和更有力的行动等方式，分别于1817年和1819年担任代理总督的盖奇·约翰·霍尔（Gage John Hall）将军和拉尔夫·达林（Ralph Darling）成功地减少了奴隶贸易量。拉尔夫·达林对眼前的困难有着清楚的认识。他在报告中称：

> 毛里求斯岛上那些养尊处优、有权有势的人不仅鼓励、支持奴隶贸易，还威胁将毁掉所有反对奴隶贸易的人。法律部门运用其能力和专业知识保护而非惩罚从事奴隶贸易的人。和社会各界一样，审判法庭同样十分关注奴隶贸易。

由此可见，法夸尔爵士的想法并不是没有道理的。他认为，更长久有效地废除奴隶贸易的方式是阻止奴隶的输出而非输入。秉持这一想法的他于1817年与拉达马一世（Radama I）签订条约。拉达马一世是马达加斯加岛最有权力的首领，1810

年自称为"国王"。条约规定，在拉达马一世的领地内，"全面停止和废除"奴隶贸易。1821年，法夸尔爵士与孟买政府联手阻止从孟买北部运输到阿拉伯的贩奴船。

英国政府十分清楚，毛里求斯岛的奴隶贸易仍在继续。英国外交部向巴黎施加压力，要求法国政府采取更严格的措施打击奴隶贸易。1818年，黎塞留公爵[①]（Duc de Richelieu）告诉英国驻法国大使，成千上万名奴隶正在被运到英国的一个殖民地上。这番话对英国人来说是莫大的侮辱。但英国大臣们似乎并不情愿插手"在当地的同行"的工作，民众的观点也不甚明朗，直到巴克斯顿打破了平静。从盖奇·约翰·霍尔将军等人那里了解了情况后，在不知疲倦的扎卡里·麦考利的帮助下，1826年，巴克斯顿向下议院提出了重新全面审查毛里求斯岛丑闻的请求，一时间激起轩然大波。议会同意委派一支官方的调查组展开工作。调查组报告称，关于毛里求斯岛的报道在1818年之前基本属实，但1821年以后，偷运到毛里求斯岛的奴隶数量已经逐渐减少。虽然事实很可能像巴克斯顿认为的那样，即使在1826年以后，毛里求斯岛仍存在少量偷运奴隶行为，但在1833年毛里求斯岛的奴隶制终结后，就不可能再出现偷运奴隶的行为了。

[①] 即阿尔芒–埃曼纽尔·迪普莱西（Armand-Emmanuel du Plessis，1766—1822），法国贵族、政治家和军人。法国大革命和拿破仑战争期间，作为保王党人士，他流亡俄国，被叶卡捷琳娜二世任命为敖德萨总督。波旁王朝复辟后，他回到法国，两次担任首相。——编者注

第 7 章 压制东非奴隶贸易

波旁岛和毛里求斯岛的奴隶贸易基本上只限于当地。相比之下，北非的阿拉伯奴隶贸易，无论数量上还是范围上，都更庞大。几个世纪以来，非洲中部的奴隶经尼罗河（Nile）向北来到开罗，或经阿拉伯沿海城市向东和东北来到阿拉伯半岛、波斯和印度。19世纪初，英国人对阿拉伯奴隶贸易知之甚少。由于拿破仑战争，英国与埃及开始频繁往来，再加上英属印度政府——1858年前仍处于英国政府的监管和控制下，由东印度公司管理——对波斯湾地区和通过"中间航道"到达欧洲的"陆上路线"很感兴趣，阿拉伯奴隶贸易逐渐被越来越多的人熟知。历届英国政府不满足于遏制欧洲奴隶贸易的成果，于是想要打击发展时间长得多且更难对付的阿拉伯奴隶贸易。打击欧洲奴隶贸易和打击阿拉伯奴隶贸易在一点上是相似的。就像打击欧洲奴隶贸易时一样，英国大臣们在埃及、阿拉伯半岛和波斯需要面对的同样是独立的国家。中东的政治力量极不稳定，要保持与印度十分重要的友好关系又离不开中东的交通要道，因此，总的来说，要在阿拉伯国家强制实施废奴政策和在法国一样困难，与在西班牙或葡萄牙相比更是困难得多。不过，从另一方面看，打击欧洲奴隶贸易和打击阿拉伯奴隶贸易有很大的不同。在欧洲，人们普遍认为奴隶制违背基督教精神。在听到英国废奴主义者发出的呼吁后，欧洲大国当权者郑重承诺，将致力于废除奴隶贸易。然而，在中东地区，一些统治者认为奴隶制是社会生活中应有和必要的部分。面对正在欧洲兴起的针对奴隶贸易的人道主义思想，这些统治者却无法感同身受。

因此，要想以同样的速度在亚洲取得在欧洲世界那样的惊人成效几乎是不可能的。然而，在废奴运动的早期，有人便尝试了一种试探性的打击方式。阿曼是一个阿拉伯小国，但在中东地区具有重要的海上及商业战略地位。阿曼首都马斯喀特占据通往波斯湾的有利地形。东非输出的很大一部分奴隶都会被运往波斯湾方向。马斯喀特的伊玛目们声称，在输出奴隶的东非海岸阿拉伯城市享有君主权——虽然君主权并未真正或长久建立起来——其中有好几个阿拉伯城市是很久以前由阿曼的殖民者建立的。1812年，对英属印度与中东地区的关系功不可没的孟买政府要求赛义德·本·苏尔坦（Said bin Sultan）尽一切可能禁止买卖来自非洲的奴隶。年轻的苏尔坦能力出众，不久前（1806年）夺取了阿曼王位。1815年，孟买政府再次以温和的方式向苏尔坦施压。

孟买总督埃文·内皮恩（Evan Nepean）在写给苏尔坦的信中说：

> 我强烈建议你效仿欧洲大国，放弃奴隶贸易。我向你保证，只要你默许我的这一提议，一定会令英国政府极其满意。

苏尔坦当然没有同意。他几乎无法理解埃文·内皮恩的请求背后的动机。如果屈从于埃文·内皮恩的提议，苏尔坦的子民，尤其是从事奴隶贸易的人，说不定会感到困惑、震惊，甚至会感到愤怒。几乎可以肯定的是，苏尔坦将失去王位，毕竟阿拉伯国家的王位没有几个是稳固的。不仅如此，他的自身安全可能都无法得到保障。因此，苏尔坦没有采取任何行动。第二次孟买政府针对的对象不再是马斯喀特，而是波斯湾的海盗部落。1819年，波斯湾的海盗部落长期破坏英国航运的行为终于被一支强大的孟买军事远征队终结。在《1820年航海自由条约》中，海盗部落首领承诺，不仅不再从事海盗活动，还将不再"运输从非洲等地海岸启程的奴隶"。当然，如果没有比印度洋已有海军力量更强大的部署，海盗部落首领的承诺是无法兑现的。阿曼的阿拉伯人仍旧从事有利可图的古老贸易，将东非的奴隶带到阿拉伯半岛的南海岸。

更多的英国人看清了奴隶贸易的残酷现实。在好望角巡逻的英国舰队一直航行到马达加斯加岛甚至更远的地方，以阻止毛里求斯岛的奴隶贸易。英国巡洋舰队发现阿拉伯帆船装载的奴隶比跨大西洋贸易运输的奴隶境遇更加悲惨。巡洋舰队的船长们将所见所闻报告给了英国海军部。费尔法克斯·莫尔斯比（Fairfax Moresby）船长在报告中这样写道：

> 阿拉伯帆船……体型很大，十分笨重，没有舱门和甲板。船上只有临时搭起的竹制隔板，只在中间留一条狭窄的通道。毫不夸张地说，奴隶是一个个地被

塞进去的。先是两边各放一个成年人，两人之间或身上再放一个儿童。第一层奴隶就算放置好了。在距离这些人一两英寸的位置会放置第一个隔板，然后再塞进第二层奴隶，依此类推，直到最上面的奴隶的身体接近船舷的上缘。一趟旅程通常估计不会超过二十四或四十八小时。可要是碰上平静的或突如其来的海陆风，航行的进程就会受到影响。哪怕只是延迟几个小时，都能决定整船奴隶的命运。在下层隔板奴隶的尸体不能及时清理掉，只能留在原处，一直等到在上层隔板的奴隶死去后才会一道被扔进海里。一艘普通的帆船可以塞进两百到四百名奴隶。据说，在十天的航行后，只有不到十二名奴隶能到达桑给巴尔。

这样的描述产生了累积效应。1821年，在内政部门的通力合作下，毛里求斯岛政府和孟买政府共同向苏尔坦施压，要求其限制阿曼公民从事的奴隶贸易范围。这次，苏尔坦没有拒绝。当然，这种对阿曼内政的粗暴干涉让他耿耿于怀，正如他的子民会对自己屈服于他国的粗暴干涉耿耿于怀一样。不仅如此，据苏尔坦估计，限制奴隶贸易范围后，阿曼会损失因对奴隶征收关税带来的每年九千英镑的收入。然而，他可是中东地区最精明的政客。由于英国强大的海上力量，与英国的友谊让阿曼免受阿拉伯半岛敌人的侵扰。未来充满变数，与英国的友谊是苏尔坦需要抓牢的最大砝码。为了增进与英国的友谊，也为了表达对英国的感激之情，做出一定的牺牲是值得的。因此，苏尔坦宣称，虽然无法完全满足英国的要求——绝不可能在自己的领地上废除奴隶制和维系奴隶制的"内部"奴隶贸易，但自己愿意摒弃与外国开展的"外部"奴隶贸易。1822年，费尔法克斯·莫尔斯比兴奋地给苏尔坦提交一份条约[①]让他签字。苏尔坦同意禁止"所有外部的奴隶贸易"，特别是禁止向基督教徒贩卖奴隶；一旦在德尔加杜角以南的海面及从丢头到索科特拉岛以东六十英里[②]之间的线段以东的海面发现阿曼的贩奴船，英国巡洋舰可以将其截获。

　　《莫尔斯比条约》本来是能发挥作用的条约，可它和所有其他废奴条约一样很难履行。虽然我们没有理由质疑苏尔坦的诚意，但他确实根本无法阻止那些偷偷地躲在各处的阿拉伯帆船，它们等顺风时就开足马力向莫桑比克或波旁岛驶去。威廉·菲茨威廉·欧文（William Fitzwilliam Owen）船长是个品格高尚、有些古怪的人。1823年，他刚好率领一支英国海军远征部队航行到北非，见到了太多违反《莫尔斯比条约》的证据。

　　接下来发生了一件大英帝国历史上不同寻常的事。威廉·菲茨威廉·欧文到达北非时，苏尔坦正在试图逼迫阿拉伯的沿岸城市承认自己的"大君主地位"。大部分阿拉伯沿海城市都屈服

---

① 　即下文提到的《莫尔斯比条约》。——译者注
② 　1英里约等于1.6千米。——译者注

了，但最重要也最强大的蒙巴萨坚决不肯放弃独立。蒙巴萨请求孟买政府保护其不受苏尔坦的报复，提出只要能得到英国国旗的保护，愿意接受英国的统治。孟买总督芒斯图尔特·埃尔芬斯通（Mountstuart Elphinstone）意识到，如果接受这一提议，苏尔坦将不再信任英国的诚意，于是拒绝了蒙巴萨的请求。然而，当这件事传到威廉·菲茨威廉·欧文的耳朵里时，他将之视为打击"万恶的奴隶贸易"千载难逢的机会，于是决心采取主动行动。在船驶入马斯喀特后，威廉·菲茨威廉·欧文托人给苏尔坦带信，如果苏尔坦不承诺在三年之内废除自己领地内的内部奴隶贸易和外部奴隶贸易，他将满足蒙巴萨寻求保护的愿望。苏尔坦当然不会答应，他赶紧向孟买政府发去一份措辞激烈的抗议书。此时，威廉·菲茨威廉·欧文启程去了蒙巴萨，在酋长会议上与当地阿拉伯首领签订了一份公约，宣布建立一个英国的保护地。公约中还有一项威廉·菲茨威廉·欧文特别强调的条款：废除蒙巴萨的奴隶贸易。在蒙巴萨挂起英国国旗，留下一名年轻的海军上尉作为指挥官，一名海军下士和三名水手负责管理保护地后，威廉·菲茨威廉·欧文继续前往毛里求斯岛。毛里求斯岛总督罗伯特·汤森·法夸尔爵士的继任者劳里·科尔（Lowry Cole）爵士暂且默许了威廉·菲茨威廉·欧文爵士的行动。英国政府没有立即做出有关蒙巴萨的决定。在提交给英国海军部的报告中，威廉·菲茨威廉·欧文指出蒙巴萨的海岸线狭长，从战略地位和经济角度来看十分重要，恳请维护蒙巴萨的保护地。他一再强调，如果安排英国军官驻守蒙巴萨，则一定能阻止蒙巴萨的奴隶贸易。他说："我是为上帝和国王的荣誉，为我的国家和全人类的利益服务。"

孟买政府将自己对以上事件的看法报告了伦敦，并在最后一封急件中指出，英国多次向苏尔坦承诺与阿曼的友好关系，他本人为维护与英国的友好关系做出了不少牺牲，尤其值得一提的是，与英国签订了《莫尔斯比条约》。虽然苏尔坦声称对蒙巴萨拥有大君主地位，但他主张的合法性令人存疑；虽然英国军队驻守蒙巴萨对遏制奴隶贸易或许有帮助，但如果不给予苏尔坦一定的赔偿，那么维护蒙巴萨的保护地既不公正，也不明智。然而，孟买政府的急件还没到伦敦，英国政府就做出了决定。威廉·菲茨威廉·欧文离开后，新任命的海军军官在报告中称，阿拉伯人似乎将自己对苏尔坦的恐惧抛在了脑后，不再急切地要求获得保护，反倒对保护地受到的各种限制感到不满。于是，英国殖民地大臣亨利·巴瑟斯特下令劳里·科尔爵士"不要采取进一步措施"。然而，由于指令内容含糊不清，又很难通过长距离的通信事无巨细地处理撤离的各种细节，1824年2月驻守在蒙巴萨的英国军队直到1826年7月才完全撤离。在两年多的时间里，耶稣堡（Fort Jesus）的上空一直飘扬着英国国旗。在英国国旗投射的阴影内严禁从事任何奴隶贸易。

1838年，有人再次提出让英国军队驻守蒙巴萨的想法。福韦尔·巴克斯顿坚信，光有舰队巡逻还不足以阻止奴隶贸易。他提议，蒙巴萨可以在英国的掌控下成为"合法的"商业中心，以进一步推动遏制奴隶贸易的"积极政策"。一贯拥有理智想法的帕默斯顿勋爵回应称，只有大范围推广，"积极政策"才能真正落到实处，因为"只要还有大片没有设立商业点的海岸，恶疾就不会治愈"。虽然英国大范围占领东非土地在当时看来是不切实际的，但时间将证明，巴克斯顿的观点体现了严密的逻辑。派驻英国军队成了禁止阿拉伯奴隶贸易的唯一方式。

帕默斯顿勋爵还指出，苏尔坦现在已经完全占有了蒙巴萨，准备与英国签订友好的商业条约。事实上，威廉·菲茨威廉·欧文上任以来，具有远见卓识的苏尔坦已经极大地提升了自己的权力和声望。东非扩大奴隶贸易和增加收入的前景十分可观，但气候干燥又多岩石地形的阿曼没有这样的机会。认识到这一点后，苏尔坦做出了一个大胆的决定。他将处理国务的中心迁至桑给巴尔，最终得以将所有阿拉伯沿海城市置于自己的统治之下，并着手鼓励和扩大原来在内陆地区开展的商业贸易。在阿拉伯人和阿拉伯混血儿的带领下，商队开始向东非大湖区及其以外的地区渗透——从蒙巴萨到维多利亚湖，从巴加莫约到坦噶尼喀，从基卢瓦到尼亚萨湖。商队的领头者带着持枪的随从，威胁、恐吓当地人，心血来潮时还会杀人掳掠。就这样过了两三年，商队满载着象牙和奴隶回到了海岸。奴隶要么在桑给巴尔交付，要么在阿拉伯沿海城市之间分配。这些是"内部"交易，属于《莫尔斯比条约》中允许的范围。不过，仍有人违背《莫尔斯比条约》，将许多奴隶偷运出国，到达索马里兰、阿拉伯半岛和波斯等地。大部分象牙等非洲产品在桑给巴尔卖掉，换取来自印度、欧洲和美洲的制造品。为了促进贸易发展，苏尔坦于1833年、1839年和1844年分别与美国、英国和法国签订条约，这些国家不仅提供了商业便利条件，还设立了一些领事馆。总的来看，苏尔坦的经济政策取得了巨大成功。阿曼的关税收入增长了至少八倍。桑给巴尔成为东非地区最大的商业中心之一。

1841年，海军上校阿特金斯·哈默顿（Atkins Hamerton）作为印度政府的政治代表及由英国外交部管理的英国领事被派驻到桑给巴尔。为英国的商业利益服务并不是他被派往当地的首要或主要原因——多年来，英国在桑给巴尔的贸易少之又少，比与美国、法国甚至德意志各邦国的贸易还要少得多——印度政府需要监管许多移民到桑给巴尔做生意的英裔印度人；英国政府的目的则主要是继续遏制奴隶贸易。苏尔坦不得不采取进一步措施。1845年，虽然由奴隶贸易带来的年财政收入已经增加到两万多英镑，但他还是与阿特金斯·哈默顿签订了一项新条约，禁止从自己的非洲领地输出任何奴隶。虽然维系奴隶制的阿拉伯大陆地区的港口之间及港口与桑给巴尔之间的奴隶贸易仍然可以继续，但条约的规定意味着上述地方的奴隶无法被运往海外，甚至连属于苏尔坦的阿拉伯领地阿曼也不行。可这项条约和之前的条约没什么两样。在印度洋的一角，当每年12月季风往南刮的时候，忙碌的阿拉伯帆船向桑给巴尔驶去，开船的是精力旺盛的南阿拉伯水手。等到每年4月季风往北刮时，他们又带着一船的奴隶避开英国巡洋舰的视线，偷偷驶回国。人们同样做出了阻止奴隶被偷运到输入地的努力。1838年到1847年签订的条约允许英国与波斯湾的各阿拉伯首领合作，1851年签订的条约允许与波斯国王合作，1855年和1856年签订的条约允许与索马里的各酋长合作，共同搜寻和截获贩奴船。这些努力虽然确实在一定程度上遏制了奴隶贸易，但未能取得完全的成效。

在这个关键时刻，一个欧洲大国打着新的幌子故技重演，废奴局势变得更加糟糕。1848年，法国二月革命结束后，各法国殖民地的奴隶制全部被废除。留尼旺岛——以前的波旁岛的种植园主发现，正如十五年前毛里求斯岛的种植园主一样，自己需要奴隶作劳动力。留尼旺岛的种植园主通过同样的方式满足自己对劳动力的需求，即通过从印度输入"苦役"。然而，法属本地治里和加里加尔能得到的奴隶数量远远不够，而从英属印度补充奴隶的请求也被拒绝了。留尼旺岛的种植园主只好又求助于1845年以来小范围实施的免费劳动力移居体系。长久以来，奴隶都是从海岸的贩奴者那里买来的，而现在，奴隶有了自由，有人就邀请他们去留尼旺岛工作五年。免费劳动力移居体系受法国官员监督，监督过程并没有什么不人道的地方。免费劳动力移居体系虽然合法，但奴隶仍然会像以前一样被奴役，对奴隶的需求也会使内陆地区的流血冲突和动乱继续发生。奴隶贸易反倒愈演愈烈。阿拉伯人抢夺奴隶的行为更加猖獗，尤其是在尼亚萨湖一带。装满即将移居海外的奴隶的船每隔几周就会启航开往留尼旺岛。马赛的一家商业机构签订了两年内为留尼旺岛供应两万五千名奴隶的合同。无论是在桑给巴尔的苏尔坦，还是在1856年苏尔坦死后接替他成为"苏丹"的梅吉德·本·赛义德（Majid bin Said）如何发出抗议，称从他们的领地输出奴隶违背了《哈默顿条约》，法国政府都没把这样的抗议放在眼里。苏尔坦和赛义德默许了免费劳动力移居体系后，法国巡洋舰被派遣到桑给巴尔。1854年，葡萄牙被说服允许在莫桑比克指定范围内运输奴隶；1858年，做事一丝不苟的莫桑比克总督乔阿·塔瓦雷斯（João Tavares d'Almeida）截获并没收了"查理和乔治"号法国贩奴船，船上载有一百名买来的奴隶。拿破仑三世（Napoleon III）派遣了两艘法国战舰开往塔霍河，要求对方释放"查理和乔治"号，并做出赔偿以平息怒火。英国政府从一开始就对免费劳动力移居体系提出了抗议，坚称此体系是奴隶贸易的一种形式，但法国政府做出了坚决的表态，称此体系和奴隶贸易压根没有关系。1859年，拿破仑三世说，如果黑人工作不是出于自由意愿，那么废奴工作就只完成了一半，自己不会保护与进步、人性和文明背道而驰的奴隶贸易。1861年的条约终于同意从英属印度输入"苦役"。1862年，不再有奴隶被运往留尼旺岛。将奴隶运往马达加斯加岛西海岸和科摩罗群岛的新法国定居点的贸易又持续了两年。1864年，免费劳动力移居体系终于被废除。

　　与此同时，又有一位伟大的人物出现在非洲的历史舞台上。继格伦维尔·夏普、威廉·威尔伯福斯和福韦尔·巴克斯顿之后，此人正以自己的方式拯救非洲人的命运。

1813年，大卫·利文斯通（David Livingstone）出生于苏格兰的布兰太尔的一个平民家庭。十岁那年，他就开始在一家制衣厂干活。随着年岁渐长，他突然萌生了要当医生传教士的想法。1836年冬，他就读于格拉斯哥大学，靠暑假打工赚取生活费。1838年，他进入伦敦传道会，并于1840年获得医学学位。在正式成为一名传教士后，他启程去了南非。在库鲁曼时，受传教士罗伯特·莫法特（Robert Moffat）的影响，大卫·利文斯通的第一站选择了贝专纳兰①。然而，他的性格实在是过于乖张，喜欢自行其是，因此不能适应传教定居点的枯燥生活。不久，他便动身离开去探寻卡拉哈里沙漠，并一路往北建立新的传教站，直到1847年来到距离库鲁曼近三百英里的科隆朋。1849年，大卫·利文斯通有了第一个重大的地理发现。他带着两个白人冒着在沙漠中缺水而死的风险，在沙漠里艰难前行了八百英里，到达恩加米湖。大约在这时，大卫·利文斯通与德兰士瓦的布尔人之间发生了一次著名的争论。大约十年前，在开普殖民地的奴隶制废除后，这些布尔人离开了开普殖民地。作为承认布尔独立地位的交换条件，他们于1852年与英国政府签订了《桑德河公约》，同意以自己的力量废除奴隶贸易。然而，大卫·利文

---

① 博茨瓦纳的旧称。——译者注

斯通怀疑，布尔人表面上把德兰士瓦的儿童当成学徒，实际上却在从事与奴隶制和奴隶贸易相关的活动。此外，布尔人怀疑大卫·利文斯通有意挑起当地人对自己的敌意，甚至给当地人提供枪支。然而，大卫·利文斯通很快将争论抛在了脑后。他现在只想开辟一条通往"黑暗内陆"最深处的道路。他发出诘问："谁将深入非洲？"1851年，大卫·利文斯通辗转来到位于安哥拉和莫桑比克之间的大陆中央的利尼扬蒂河（Linyanti）和赞比西河上游部分。正是在这里，他发现了阿拉伯奴隶贸易的真相：阿拉伯奴隶贸易的势力已深入非洲的中心。这一发现决定了他未来的事业：实施威廉·威尔伯福斯及其继任者和尼日尔考察活动推行的"积极政策"。不过，大卫·利文斯通并不像威廉·菲茨威廉·欧文或福韦尔·巴克斯顿那样仅满足于在非洲沿岸建立欧洲人的定居点。为了从根本上杜绝奴隶贸易，他想要在气候和设施允许的情况下尽量将定居点向非洲内陆延伸——定居点的建立者包括交易商，甚至包括规定数量内的农民和传教士。为了探明从非洲海岸到赞比西河上游繁荣的高地之间是否存在可通行的路线，大卫·利文斯通展开了平生最伟大的一次冒险。1853年到1856年，在身上几乎没有可以用来交换的钱物，也没有任何像样的设备的情况下，他只带着几个当地向导，徒步从利尼扬蒂河到了安哥拉海岸的圣保罗德洛安达，之后又调转方向穿越非洲大陆，来到位于莫桑比克海岸的奎利马内。据说几年前，只有一个葡萄牙人（也有可能是欧亚混血）的交易商跨越了海岸。此外，大卫·利文斯通的探险是唯一一次已知的穿越非洲的旅程。比起后来的非洲探险之旅，这次探险是在更艰苦的条件下完成的，这说明大卫·利文斯通有着惊人的勇气——朋友们说，他不知道恐惧为何物。他不达目的誓不甘休，有着极强的忍耐力，明白如何赢得当地人的信任与喜爱。这次探险使他声名鹊起。1857年，大卫·利文斯通回到英国后，维多利亚女王、大臣、民众及高等学府、各类媒体对他极尽赞美之辞。他在英格兰和苏格兰得到当地人热烈的欢呼。所到之处，他都会呼吁当地人拯救非洲人的命运。他在剑桥大学所做的一篇著名演讲中预见了自己的死亡。

> 我深知，在几年后，我将离开那片已经开放的土地。我回到非洲，希望能为商业和基督教开辟道路。请诸位务必继续我未竟的事业。

1858年，大卫·利文斯通确实回到了非洲。这次，他指挥的是一次官方的探险行动。英国政府在听取民意后下达命令：了解赞比西河的地理环境，看汽船是否可以在赞比西河保持通航，还要在今天的北罗得西亚的高地上建立一个英国定居点。赞比西河探险持续了近六年，并未取得立竿见影的成果——克布拉巴沙①的急流阻碍探险船通行，定居点也未建立。从表面上看，赞比西

---

① 这是当地人的语言，意思是"工作停止的地方"。——译者注

河探险和尼日尔考察一样失败了。但事实上，赞比西河探险取得
了巨大的直接或间接成就。尼亚萨湖和希雷高原被发现。尼亚萨
兰[1]的建立同样有赖于赞比西河探险。

　　赞比西河远征造成的最深远影响是，它让之前在英国开展
的废奴运动重焕生机。英国的废奴运动对废除欧洲奴隶贸易功
不可没，现在又在为废除阿拉伯奴隶贸易助力。穿越非洲大陆
时，大卫·利文斯通只是对奴隶贸易有所耳闻，而当他到达尼亚
萨湖附近时，这些场景就常常发生在眼前：争斗、流血、村庄被
烧、谷物散落一地、河面上的尸体顺流而下、惊恐万状的人们四
散逃走，以及一群群戴着镣铐的奴隶被带到海边。他的心中充满
了怜悯之情。他意识到，当地唯一的殖民地政府不能也不愿意采
取任何措施阻止奴隶贸易——一些葡萄牙官员甚至采取纵容的态
度。大卫·利文斯通希望英国外交部的约翰·罗素勋爵能同意以
"占领属于女王陛下的新发现土地"为拯救这些不幸之人的唯一
手段。对英国大臣们来说，这一提议实在过于大胆，但大卫·利
文斯通于1864年回到英国时，他继续通过自己的影响力使更多
的人关注废奴运动。1865年，他又来到了非洲。这次，他想一
个人探险。沿着鲁伍马河深入非洲大陆时，他比以前更笃定地
认为，探明这里的地理条件是"商业和殖民"最关键的前提条
件。他还执着地认为，只要在大湖区探寻，就能找到尼罗河的

---

① 马拉维的旧称。——译者注

阿拉伯奴隶贩子正在押解一批黑人奴隶，其中一个阿拉伯
人正在杀害一名跟不上其他人的黑人奴隶。根据大卫·利
文斯通的描述绘制，绘者信息不详，约绘于 1866 年

源头。就这样，年复一年，大卫·利文斯通的足迹踏遍尼亚萨湖和坦噶尼喀湖周围人迹罕至的广袤土地，完全跟外界断绝了联系。直到1871年的一天，亨利·莫顿·斯坦利（Henry Morton Stanley）才见到了大卫·利文斯通。大卫·利文斯通说，在目标完成之前，他决不回去。他的身体与精力渐渐不似从前，但勇气和信念从未动摇。1873年，大卫·利文斯通在班韦乌卢湖附近去世。他曾在最后的日记中提到奴隶贸易："在我独处的日子里，我只想说，愿上帝慷慨的恩泽能降临到每个人身上——美国人、英国人、土耳其人，他们能治愈这个世界的伤口。"

大卫·利文斯通写下这段文字时，身处荒芜之地的他不可能知道，在遥远的地方，虽然伤口没有真正被治愈，但带来的痛苦已经大大减轻。新的废奴运动继续发展。英国议会正在讨论大卫·利文斯通揭露的阿拉伯奴隶贸易的发展，并一连指定几届委员会对阿拉伯奴隶贸易做出报告。证据越多，真相就越明显：只要还允许从事奴隶贸易，只要奴隶可以在桑给巴尔的巨大市场买卖，非洲大陆掠夺奴隶的行为和违反《1845年哈默顿条约》在阿拉伯半岛和波斯偷运奴隶的行为就会屡禁不止。证据显示，每年约有两万名奴隶被运到桑给巴尔，约一万六千名奴隶被重新运出桑给巴尔，仅一千名左右奴隶被英国巡洋舰发现并解救。英国人知道的事实越多，就越难以接受这些骇人场景的继续。以下的文字出自一名海军军官。他描述了疾病突袭装满奴隶的阿拉伯帆船时的场景。

第7章 压制东非奴隶贸易

阿拉伯人一旦发现有奴隶得了天花，便立即将所有染病的奴隶扔进海里，每天如此……当阿拉伯人发现天花已经无法控制时，便对奴隶置之不理，任其自生自灭。很多孩子年纪还很小……大部分奴隶身上都留有阿拉伯人施暴的痕迹，这些是被鞭子和棍子抽打后还未愈合的伤口。

这名海军军官对桑给巴尔的市场也有类似描述：

我们到达时，市场上人来人往，热闹得很。有二十来个拍卖商，每个人面前都站着一群奴隶。拍卖商卖力地吆喝着，一心想卖出个好价钱。据一个官员统计，现场有超过三百个奴隶……有个"拍卖品"看上去是刚刚运到的。这些都是年纪很小的孩子，有的甚至还是幼儿。这些奴隶会目睹奴隶制最令人痛苦的一面……眼前的一幕实在太可怕了，我们根本找不出合适的词来形容自己的感受。奴隶只剩下一副骨架，只不过外面贴着一层病态的皮肤而已。眼睛周围的肉已经没有了，只剩下突出的眼珠子；胸脯陷了下去，背也驼着，关节一个个肿得老高，和关节之间骨瘦如柴的四肢形成了鲜明对比……这个男孩的价格是七美元。一个看货的人剥去他的衣服，将他全身上下仔细检查一番，捏捏他的胳

膊，敲敲他的牙齿，再瞧瞧他的眼睛，最终决定不要他
了……对女人的检查更是令人作呕……

　　这样的证据足够让由罗素·格尔尼（Russell Gurney）主持
的1871年专责委员会达成一致的意见：不能只是限制，而是应
该全面禁止东非的奴隶贸易。但要让英国政府同意这一意见并不
容易。桑给巴尔及其属地毕竟是一个独立的主权国。现在的苏丹
赛义德·博格哈什（Seyyid Burghash）对全面终止奴隶贸易的态
度自然和十五年前的苏尔坦是一样的。和西印度群岛和毛里求斯
岛一样，桑给巴尔奴隶贸易的终止意味着奴隶制的终结。如果博
格哈什同意禁止奴隶贸易，带来的财政收入损失可能是一万到两
万英镑不等。这还不是最糟糕的。博格哈什——换了苏尔坦也一
样——会被认为背叛了人民和信仰，招致所有奴隶贸易者的刻骨
仇恨，尤其是桑给巴尔北部那些好斗、目无法纪的阿拉伯人。这
不仅会威胁博格哈什的王位，甚至会威胁其性命。因此，把博格
哈什逼得太紧可能会使他转而寻求法国的保护，毕竟法国一直以
来都对英国在桑给巴尔的影响十分不满。英国长期以来对奴隶
制的持续抨击现在背负上了不好的名声。奴隶制有朝一日真的会
走向终点不再是不可想象的。此时，一个人的出现使英国政府
占据了有利地位，他就是代表英国政府利益的约翰·柯克（John
Kirk）。1832年，柯克出生于苏格兰的一个牧师家庭，曾以植物
学家和卫生官员的身份参加赞比西河探险，被认为是继大卫·利

文斯通之后头脑最冷静、最值得信赖的探险队员。人们对非洲未开垦的富饶土地仍然一无所知，这激起了柯克的科学热情。在目睹了奴隶贸易现状后，他一心想要成为终结奴隶贸易的参与者。1866年，英国政府在桑给巴尔的一个报酬低的职位出现了空缺。柯克提出职位申请，并在大卫·利文斯通的大力支持下如愿以偿。在接下来的七年时间里，柯克平步青云——1873年，他成为英国驻桑给巴尔总领事，把岛屿当成工作场所，从事和大卫·利文斯通一样的工作，在荒无人烟的内陆地区向西探险。渐渐地，他获得了关于非洲奴隶贸易、自然历史、不同民族、风土人情和沿海地带动植物的宝贵知识。更重要的是，他的真诚、耐心和坚定让他赢得了苏丹博格哈什对欧洲人前所未有的信任和尊敬。柯克不断向博格哈什施加无形的压力，告诉他英国政府绝不食言，一定会在需要时出动战舰帮助他对抗桑给巴尔的动乱，并言之凿凿地告诉他，与英国结好的成本虽然很高，但比与法国结好更有价值。

1872年，在民众的强烈要求下，废奴协会在伦敦市长官邸召开了一次大会。英国政府派出曾担任孟买总督的巴特尔·弗里尔（Bartle Frere）爵士参加会议，并交给他一个特别任务：让赛义德·博格哈什同意在规定关闭奴隶交易市场的条约上签字，以最终完全废除在其领地上的奴隶贸易。弗里尔爵士、柯克与博格哈什及其顾问们展开了整整一个月的谈判。博格哈什偶尔会有所动摇，但他最终选择听取立场不够中立的顾问的意见，拒绝在条约上签字。为了让博格哈什改变心意，在接下来的一个月时间里，弗里尔爵士下令英国巡洋舰沿着桑给巴尔海岸巡逻。一个月的时间过去了，博格哈什仍然没有改变心意。执行任务的巡洋舰终于开走了。当巡洋舰来到蒙巴萨时，弗里尔爵士命令柯克最后一次警告博格哈什。如果博格哈什不听，将与英国驻桑给巴尔海军军官共同掌管桑给巴尔海关部门，武力终止桑给巴尔的奴隶贸易。弗里尔爵士全权负责此次行动。他的报告送到伦敦后，英国内阁非常不安。不过，大臣们想起了1850年帕默斯顿勋爵曾在巴西做过同样的事情，而结果令人欣喜。在桑给巴尔的行动同样带来了最令人满意的结果。也许只有柯克这样的人才能够妥善地处理如此敏感的外交问题。博格哈什屈服了：他的顾问们阴沉着脸同意在条约上签字。高潮到来了，这一天是1873年6月5日。就在五周前，大卫·利文斯通在七百英里之外的赞比亚孤零零地去世了。博格哈什和约翰·柯克之间签订了条约。墨迹未干，就有信使被派往当地永久关闭古老的奴隶交易市场的大门。条约的缔结并没有损害甚至破坏博格哈什对柯克和英国的感情。1875年，博格哈什终于得偿所愿，友好访问了英国。维多利亚女王在温莎城堡接待了他。所到之处英国的财富和权力都远远超过了他原先的想象。他承认，没想到英国政府会对自己如此耐心温和。他问道："我最初拒绝在条约上签字时，你们为什么不敲我的脑袋点醒我呢？"

1873年的条约给在东非活动了几个世纪之久的阿拉伯奴隶贸

易判了死刑。"大学到中非的使命"①在桑给巴尔原来的奴隶市场上建起了一座教堂，祭坛就设在原来笞刑柱②的位置。但正如柯克预测的那样，奴隶贸易并没有马上消亡。只要桑给巴尔的领地上和沿印度洋一角的亚洲国家还有奴隶制存在，就会有一小撮偷运奴隶者逃出英国巡洋舰的视线。1876年，在没有任何外部施压的情况下，博格哈什主动与柯克进行了友好磋商。磋商的结果是，禁止在桑给巴尔海岸装备贩卖奴隶的商队，不许商队从桑给巴尔内陆地区进入海岸，不许沿着桑给巴尔海岸在港口之间运输奴隶，违者没收船，博格哈什领地北部的奴隶制被废除。然而，即使是规模如此宏大的行动也不是决定性的。偷运奴隶的行为仍然在内陆地区到桑给巴尔岛和奔巴岛之间的狭长通道继续。直到1889年后，英国和德国占领了非洲内陆，才从源头阻止了奴隶贸易。1897年的一项法令宣布，当时还是英国保护地的桑给巴尔的奴隶制"非法"，从终点阻止了奴隶贸易。奴隶贸易最终得以消亡。19世纪即将结束时，东非的阿拉伯奴隶贸易终于结束。

---

① "大学到中非的使命"是由英国国教教会成员在牛津大学、剑桥大学、达勒姆大学和都柏林大学内建立的传教士组织。——译者注
② 笞刑柱是一根用来惩罚奴隶的柱子，鞭刑者将不服管教的奴隶缚在上面对其实施笞刑。——译者注

CHAPTER VIII

第 8 章

最后的阶段

经过漫长的斗争，东非的阿拉伯奴隶贸易终于结束。此次斗争最深刻的教训在于，不管是签订条约还是在海上巡逻，甚至即使欧洲国家占领海岸上的港口城市，也无法完全遏制东非的奴隶贸易。真正行之有效的方法只有两种：要么停止输入地对奴隶的需求——跨大西洋的奴隶贸易就是这样停止的，要么在源头上停止奴隶供应，使非洲中心地带不再成为奴隶的主要供应地。

整个19世纪，对奴隶的需求从未中断过。即使到了20世纪，非洲和亚洲的奴隶贸易仍在某种程度上继续发展。第一，1880年以后，非洲的奴隶贸易以隐秘或公开的方式满足从埃及到摩洛哥、北尼日利亚、阿比西尼亚及马达加斯加岛、桑给巴尔岛和奔巴岛对奴隶的需求。在东非大湖区和刚果，势力强大的阿拉伯交易商仍在掳掠奴隶为己所用或者将奴隶输出国门。需要指出的是，虽然阿拉伯交易商的活动与一般意义上的奴隶贸易有区别，但非洲——尤其是西非那些好战的部落奴役非洲同胞的做法与活人献祭的残忍行为无异。第二，到了1880年，亚洲对非洲奴隶的需求被限制在中东地区。1811年，东印度公司禁止奴隶输入英属印度。《1833年特许状法案》通过之时，废除奴隶贸易是英国政府的工作重心。控制委员会主席查尔斯·格兰特[①]规定，应当尽早结束奴隶制。但是要在西印度群岛整体上废除奴隶贸易是不现实的。1843年通过的《印度奴隶制法案》以更加温和的方式剥夺了英属印度奴隶制的合法地位，也就是说，在法律面前，奴隶和自由人享有同等地位。法院不认可任何人将奴隶视为自己的财产；奴隶可以随时离开奴隶主重获自由，不需要办理任何正式手续。就这样，从来没有在印度社会扮演过重要角色的奴隶制很快消亡了。在1860年的英国，拥有和交易奴隶会触犯刑法。渐渐地，英属印度的做法在不需要遵从英国法律的印度土邦推广开来。这样一来，整个印度次大陆的奴隶制消失了。印度以东的马来亚、锡兰[②]等的英国定居点奴隶制的合法地位在19世纪40年代被剥夺。可是，在中东地区，尤其是在奴隶制全面推行且拥有合法地位的阿拉伯半岛——英属亚丁保护国除外，奴隶制仍然存在。英国政府不可能在以上国家发挥其在印度实施的权力和影响力。因此，虽然非洲的奴隶贸易受到各种阻碍，并且被限制在东部沿海地区进行，但从苏丹和东非大湖区得到的奴隶仍然经道尼罗河、开罗或跨越红海源源不断地进入这些国家。

　　19世纪80年代，欧洲大国"争抢非洲"行动迅速，并且没有使欧陆本土陷入战争。到19世纪末，除摩洛哥、的黎波里、利

---

① 　此处是指于1778年出生的查尔斯·格兰特。——译者注
② 　斯里兰卡的旧称。——译者注

比里亚、阿比西尼亚和苏丹以外的非洲几乎都被正式"分割"。
非洲的奴隶贸易和奴隶制发生了很大变化。由于无法控制整个中
东，欧洲大国仍然无法终止亚洲对奴隶的需求，但欧洲大国可以
通过控制突尼斯、埃及、北尼日利亚、东非海岸、桑给巴尔和马
达加斯加岛终止非洲对奴隶的供应，并通过控制东非大湖区及向
北延伸至苏丹范围内所有从事奴隶贸易的国家，从源头上阻断奴
隶的供应。但废除奴隶制并不是欧洲大国在非洲推行新"帝国主
义"唯一甚至主要的动机。新"帝国主义"背后还存在着更强大
的动机。工业化的欧洲需要用非洲的原材料制造产品，也需要非
洲成为本国产品的出口市场。法国失去阿尔萨斯-洛林后，在非
洲找到了补偿，开始大肆扩张。新近统一的德意志帝国和意大利
王国中，有不少人主张开拓殖民地，因为这不仅是国家地位的象
征，也为国家实力的输出打开了出口。维护苏伊士运河一带的安
全符合英国政府的特殊利益。在宣布放弃占领苏伊士运河的前
十五年里，英国政府占领着苏伊士运河一带的领土，以防止其他
国家染指。

　　欧洲大国瓜分了非洲土地，1889年召开了布鲁塞尔废奴会
议。1885年召开了柏林西非会议讨论的议题还基本上限制在"刚
果区"之内的政治与商业问题。《柏林法案》的三十八款条文中
仅仅有两条提到了各国政府"展开合作以遏制"刚果区的"奴
隶制与奴隶贸易"。由英国政府提议、利奥波德二世（Leopold
II）发起的布鲁塞尔废奴会议提出"结束由非洲奴隶运输带来的

罪行和破坏性后果，有效保护非洲原住民，为非洲广袤大地带来和平与文明的福音"。会议共有十七个国家参加。除了欧洲的国家，美国、土耳其帝国、波斯和桑给巴尔也参加了。会议从1889年开到1890年，各国在布鲁塞尔废奴会议上签署了《布鲁塞尔会议法案》，1892年批准生效。《布鲁塞尔会议法案》规定，各参会国有义务在自己能力范围内，通过控制奴隶贸易的源头、在非洲建立有效的管理机制、拦截并解放集体行进中的奴隶、切断海上偷运奴隶的路线和禁止奴隶输入仍然允许奴隶制的土地等方式遏制非洲残存的奴隶贸易。《布鲁塞尔会议法案》还规定，非洲中部的某个范围内禁止、限制或管控枪支和烈酒的输入。《布鲁塞尔会议法案》又被称作"非洲奴隶大宪章"。经过长时间的细致斟酌和激烈争论，主要参会国终于不再相互较量和羡慕彼此得到的利益，约翰·柯克爵士成为最大的功臣。他刚从服务了二十年的英国驻桑给巴尔领事的岗位上卸任不久，是当时英国在布鲁塞尔废奴会议上的全权代表之一。他不仅是个十分精明的外交家，而且比任何同时代的人都要熟悉非洲奴隶贸易。

我们需要进一步了解英国在"争抢非洲"行动中扮演的角色，以研究这一角色是如何受到废奴主义传统的激励，并揭示英国执行《布鲁塞尔会议法案》的来龙去脉。

1859年，大卫·利文斯通发现尼亚萨湖区，他呼吁在这里设立一个英国商业和传教士定居点，以阻止当地肆虐的奴隶贸易。英国政府做出回应，占领了非洲中部内陆地区。呼吁还产

第8章 最后的阶段

生了另一个结果，那就是"大学到中非的使命"的创立。1862年，它准备在希雷高原建立一个定居点，但由于当地掳掠奴隶活动猖獗，计划失败。它退到桑给巴尔的一个基地，定居点渐渐向内陆迁移，直到1882年停在尼亚萨湖。1873年，利文斯通去世。消息传来，人们悲恸不已。新一轮的传教活动从此开始。1874年，苏格兰自由教会利文斯通传教团在苏格兰建立。

1875年，苏格兰自由教会利文斯通使团的先驱们乘坐一艘小汽船行驶在尼亚萨湖上。1876年，苏格兰教会在布兰太尔建立了布兰太尔传教团。1878年，非洲湖公司成立。到了1885年，非洲湖公司不仅控制了尼亚萨湖岸地区，还成功与坦噶尼喀湖区刚刚设立的传教站建立起联系。非洲湖公司还计划在尼亚萨湖和坦噶尼喀湖之间开辟一条道路。遍布各地的"非官方"传教站种下了"文明、商业和基督教"的种子。大卫·利文斯通阻止尼亚萨兰奴隶贸易的梦想似乎很快就能实现了。奴隶贸易的一条主要路线直接穿越尼亚萨湖。不少奴隶从现在的从北罗得西亚或者尼亚萨湖西北方向的刚果河上游地区被集体带到尼亚萨湖西岸，乘坐阿拉伯帆船向印度洋驶去。奴隶交易者非常清楚自己面临的危险是什么，并做好了充分的防备。赛义德·本·苏尔坦在位期间，这些奴隶交易者日益向非洲内陆渗透。有的奴隶交易者在坦噶尼喀湖和印度洋之间的贸易通道交会点塔波拉建立了永久定居点。还有些奴隶交易者行进到更远处，逼迫当地部落臣服自己的统治，并利用这些部落为自己效命，攻打和奴役周围的其他部落。1880年到1890年，这些不怕法律、手持武器的奴隶交易者对桑给巴尔的统治者的效忠早已有名无实，况且其势力已经深入非洲内陆，远不是在海岸巡逻的舰队可以控制的。奴隶交易者成了苏丹、刚果和赞比西河大片土地的真正主人。蒂波·蒂布（Tippoo Tib）是坦噶尼喀湖西部最有权势的主人。大卫·利文斯通和亨利·莫顿·斯坦利都知道他的大名。穆洛兹（Mlozi）则是尼亚萨湖北端的首领。1888年，穆洛兹自称为尼亚奇萨族的苏丹，要求英国定居者承认自己的权威，向自己进贡。遭到拒绝后，穆洛兹准备袭击英国定居者，将他们赶出自己的地盘。

形势对卷入此事的白人来说十分不利。1883年，英国驻尼亚萨兰领事馆在布兰太尔建立，这意味着英国政府没有义务保护那些为了追逐一己私利，不惜铤而走险，从海岸出发的传教士和奴隶交易者。非洲湖公司唯一能做的是将白人雇员和愿意为白人雇员效命的友好的当地人组织起来，为他们配备武器。如果遇到袭击，这些人将进行殊死抵抗。

重重危机之中，本书的另一位主人公登上了历史舞台。1858年，弗雷德里克·卢吉（Frederick Lugard）上尉出生于马德拉斯，他曾在阿富汗、苏丹、缅甸等地作战。1888年初，由于健康问题，他申请休假。得到批准后，他只拿着半份薪水遍访东非，一为寻医问药，二为探索未知。在桑给巴尔听闻尼亚萨兰遇到的麻烦后，卢吉去了布兰太尔。一路上，他目睹了大卫·利文斯通和约翰·柯克曾经目睹的场景：奴隶贸易的骇人景象和奴隶交易者的强大势力。他还听说，有的交易者会在野外部署五千支步枪。如果这些人与西北方向的权贵人士因为共同利益或相同的信仰相互牵连，那么东非大湖区在尼罗河和赞比西河之间的区域说不定会建立起一个类似割据的地盘。虽然地盘内分散着不同部落，但瓦解他们也不是一件容易的事。当有人提出，卢吉带领非洲湖公司，并由一名英国副领事和传教团随同执行任务时，他欣然答应，前往位于接近尼亚萨湖最北端的非洲湖公司驻点卡龙加。英国驻莫桑比克领事亨利·爱德华·奥尼尔（Henry Edward O'Neill）和继任者A. G. S.霍斯（A. G. S. Hawes）兑现了援助的承诺，一直留在当地英勇抵抗。卢吉有着不可抗拒的人格魅力，加上精力充沛、足智多谋、身先士卒——他曾在一次带领手下向奴隶交易者的据点发起攻击时受了重伤，不久，这支小小的游击队重新燃起了斗志。在十个月的时间里，游击队不仅要与营地滋生的疾病做斗争，还要与营地外的敌人做斗争。卢吉成功守住了卡龙加。奴隶交易者终于明白，将英国人赶出去并没有想象中那么容易。1889年春，卢吉终于可以放心离开卡龙加了。还有更多的任务等着他：尽快供应武器和弹药，寻求桑给巴尔的援助，向英国政府和人民发出请求，"不要让尼亚萨兰成为奴隶掳掠者的地盘"。

虽然葡萄牙人从未深入、更遑论占领尼亚萨兰，但几个月后，他们采取行动，声称自己拥有莫桑比克的部分领土，并向希雷河派出军事力量。此举使局势发展到白热化阶段。英国政府虽然十分不情愿在非洲内陆地区惹火上身，但同样不愿意接受大卫·利文斯通发现的这片土地向一个无能、腐败的殖民地政府投降。1891年，葡萄牙被迫接受了划界条约。英国宣布在尼亚萨兰建立一个英国保护地。从此，遏制奴隶贸易只是时间问题了。不列颠南非公司得到英国政府的特许状，在塞西尔·罗兹（Cecil Rhodes）的领导下管理北罗得西亚事务。英国保护地专员哈里·约翰斯顿（Harry Johnston）爵士与不列颠南非公司联手，与锡克教徒和当地部队共同打击奴隶交易者。1895年，战斗达到高潮。奴隶交易者战败后遭到驱散。曾经不可一世的领袖穆洛兹被俘后遭到处决。1898年，在尼亚萨湖以西一百英里的非洲中部，最后一支正在艰难跋涉的奴隶队伍被人发现，并被解救。

　　与此同时，北边的邻国正发生着类似的情况。1889年，德国政府宣布苏丹哈利法·本·赛义德在桑给巴尔南部的主要领地——现为英国的委托统治地坦噶尼喀——建立保护地。虽然遭到阿拉伯人和当地起义者的阻挠，但保护地及时、有效、全面地遏制了奴隶贸易的发展。1886年，德国政府承认桑给巴尔北部的主要领地为英国的势力范围。如果1888年成立的不列颠东非公司没有完成不列颠南非公司和皇家尼日尔公司在非洲其他地方的工作，那么桑给巴尔北部的主要领地很可能会由于英国政府一直不愿意派出力量驻守和管理而遭到欧洲大国的瓜分。虽然与其他类似的公司一样主要处理商业事务，但不列颠东非公司面临的困难和风险要大得多，为股东赚得利润的机会更加渺茫，因此其运作显然更多是出于乐善好施。在不列颠东非公司的创始人和董事会成员中，有约翰·柯克和第三代解放奴隶者福韦尔·巴克斯顿爵士。不列颠东非公司章程第十条规定，公司有义务尽一切可能废除其管理领地上的"任何奴隶贸易或领地内部的奴役现象"。

　　要兑现这样的承诺并不是一件容易的事。从港口尚能控制沿岸的奴隶贸易，可毕竟维多利亚湖周边人口更稠密的地区处于非洲内陆。1888年，乌干达的局势令人担忧。基督教的引入导致皈依新教和天主教的人之间及这些人与穆斯林之间产生了激烈冲突。由于不满埃及人的统治，一个自称"马赫迪"①的穆斯林酋长穆罕默德·艾哈迈德（Muhammad Ahmad）带领一支令人生畏的苏丹部队发动起义。1885年，主教詹姆斯·汉宁顿②被杀，残忍狡诈的国王姆旺加二世（King Mwanga II）对欧洲人入侵的敌意暴露无遗。在卡尔·彼得斯（Karl Peters）的带领下，一支德国远征队穿越乌干达，比利时和法国传教团从刚果河和乌班吉河向尼罗河上游进发。以上活动进一步威胁英国驻军。但英国人面

---

① 马赫迪的意思为"导师"。根据伊斯兰教的教典中记载，马赫迪是在最后审判日到来之前降临世间的救世主。——译者注
② 詹姆斯·汉宁顿（James Hannington, 1847—1885），英国圣公会传教士、殉道者。1885年10月20日，他被姆旺加二世扣押，10月29日被杀。临死前，他对杀害自己的士兵说的最后一句话是："去告诉姆旺加，我用我的鲜血买下了通往乌干达的道路。"——编者注

临的最大困难是与乌干达的通信问题。从海岸部分延伸跨越乌干达八百英里的部分基本还未开发，布满茂密的灌木和丛林，由马萨伊（Masai）这样的军事部落占领。然而，卢吉再次挽救了局势。在好友兼导师约翰·柯克的建议下，他回到了东非。1890年底，卢吉奉命管理不列颠东非公司在乌干达的事务。他带着一小支由苏丹人和桑给巴尔人组成的部队从蒙巴萨出发，经过艰难跋涉，最终在姆旺加二世的地盘——乌干达首府坎帕拉中心扎营，随时防御敌人进攻。卢吉选择地理位置十分重要的坎帕拉，这是他冷静思考后做出的抉择。在十八个月的时间里，他成功深入艾伯特湖并勘测这里的环境，重组了纪律松散的苏丹部队。天主教和新教之间的敌意原本在战争中达到高潮，但卢吉使天主教和新教派系之间暂时达成妥协。最后，他还赢得了姆旺加二世及其身边某些谏臣的信任，让他们接受了不列颠东非公司在乌干达的管理。然而，不列颠东非公司经过再三考虑，仍然决定撤离在乌干达的办事处。卢吉的工作似乎都付诸东流了，但他并没有放弃努力。他急匆匆地赶回英国，一连发表了好几篇演讲，向英国民众呼吁：英国需要将乌干达从带来流血冲突和掳掠奴隶的旧体制中拯救出来。英国不要逃避这样的任务，也不要将任务留给别的国家。各传教协会也发出大声疾呼。英国政府终于不再坚决反对另一场帝国主义的冒险活动。在首相阿奇博尔德·菲利普·普里姆罗斯（Archibald Philip Primrose）的大力施压下，内阁没有经过激烈辩论便同意派出一个官方调查团。与在尼亚萨兰时一样，1895年英国政府宣布建立一个在东非的保护地，英国人对其实施管理，并遏制其内部战争和奴隶贸易。

就目前来看，局势的发展还算顺利。然而，乌干达北部和西北部仍是奴隶供应最集中的源头。自古以来，从尼罗河上游苏丹的原始部落中攫取的奴隶就源源不断地顺流向北来到开罗，或者穿过沙漠来到红海，然后渡海来到阿拉伯半岛。19世纪上半叶在埃及建立的政府办事效率不低，却没能控制猖獗的奴隶贸易。穆罕默德·阿里（Mahomet Ali）为了实现对土耳其帝国的企图，需要建立一支善战的黑人军队，因此，他不但置英国外交部的持续抗议于不顾，而且增加了对奴隶的需求。穆罕默德·阿里手下的埃及部队四处掳掠奴隶。"征募的新兵"集体向北行进，接受训练、整顿军纪。他们唯一的缺点是无法忍受气候和环境的变化。"他们像绵羊一样死去发臭"。于是，组建黑人军队的计划被放弃了。奴隶贸易量又回到了平时的水平。苏丹北部的统治者隔一段时间便会组织掳掠异教部落的行动。运输奴隶的商队会在苏丹中部的喀土穆停留时会合。从喀土穆交付到阿拉伯半岛的奴隶数量不得而知。开罗每年接收约四千名奴隶，其中一些留在埃及的奴隶主身边，还有一些被运到土耳其。1830年以后，由于俄罗斯人控制了在格鲁吉亚和切尔卡西亚的奴隶供应地，刺激了君士坦丁堡对奴隶的需求，促使开罗交易商的生意日渐兴旺，财富与日俱增。正如里约热内卢一样，奴隶贸易成为埃及从事商业的富人阶级的主要收入来源。直到伊斯梅尔帕夏（Ismail Pasha）于

1863年成为埃及总督前，埃及的奴隶贸易基本保持原样。

伊斯梅尔帕夏因大肆挥霍钱财和扩张领土一直饱受诟病，但他至少称得上是想要认真阻止奴隶贸易的第一个埃及统治者。1869年，他任命英国人塞缪尔·贝克（Samuel Baker）爵士为苏丹南部的总督，命他从埃及边境继续往南遏制奴隶贸易。塞缪尔·贝克爵士曾在探索尼罗河上游和发现艾伯特湖的考察行动中显示出非凡的勇气和坚毅的性格。这次，他要完成的却是超人般的任务。埃及部队意志薄弱。埃及官员与奴隶交易者相互勾结。我们也就不难理解，为什么绝望之中的塞缪尔·贝克爵士会在1873年辞职。不过，伊斯梅尔帕夏没有放弃。1874年，他选中了一个苏格兰人继任塞缪尔·贝克爵士的职位。此人比当时的任何人都更能胜任在苏丹的这一几乎不可能完成的任务。1833年，查理·乔治·戈登（Charles George Gordon）上校出生于伍利奇（Woolwich），曾参与克里米亚战争。供职于英国皇家工兵部队（Royal Engineers）时，他就表现出了高效的办事风格。后来，他主动请缨去中国。他因协助清王朝镇压太平军被称为"中国戈登"和"常胜军"指挥。戈登与利文斯通有许多相似之处。比如，两人都不知道害怕为何物，虽然苏丹北部危机四伏，疾病丛生，困难重重，身边只有三四个忠心的欧洲下属，但戈登仍带队深入凶残的奴隶交易者内部，冲散奴隶交易者的商队，在万不得已的情况下正面迎击他们，最后终于来到东非大湖区。他和其他废奴主义者都相信，消灭奴隶贸易最可靠的方式是

在非洲中部打开一条"文明要道"。戈登写道:

> 你简直无法想象这些可怜的奴隶遭受的痛苦……任
> 何人如果看到自己的孩子、姐妹和母亲的惨状,都不可
> 能无动于衷……如果我可以阻止奴隶贸易,哪怕当晚便
> 被人开枪打死也在所不惜。

1877年,伊斯梅尔帕夏与英国签订了一份公约。公约规定
遏制奴隶贸易,并出台措施,十年内禁止埃及所有奴隶贩卖,在
埃及境内禁止运输奴隶,在红海建立一个由英国海军军官指挥
的预防性舰队。同年,戈登晋升为苏丹总督。总督府设在喀土
穆,赤道和红海地区诸省也并入他的管辖范围。这么大范围的行
政调整需要一支人数充足且纪律严明的军队、诚实正直的官员
和开罗财政的全力支持,但戈登什么也没有。即使是这样,他
仍然坚持工作到1879年。在五年多的工作中,巨大的压力让他
"铁打的"身体也难以负荷。1879年,奴隶贸易的残余势力眼
看就要屈服于一连串的重击,不堪财政重负的伊斯梅尔帕夏被
废黜。可就在这个当口,戈登辞职了。不久,他便听到了令自
己痛心的消息。在他眼里残暴的埃及人穆罕默德·拉乌夫帕夏
(Muhammad Rauf Pasha)受到新上任的赫迪夫(Khedive)陶菲
克帕夏(Tewfik Pasha)任命,继任苏丹总督一职。戈登花费的心
血似乎将成为泡影。

历史重演了。不久，埃及爆发革命。1882年，英国政府以重建"和平与秩序"为名占领埃及。不过，英国政府无意管理伊斯梅尔帕夏主张的古埃及边界之外的偏远领土。英国政府决定不回击马赫迪穆罕默德·艾哈迈德的起义军，而是将埃及卫戍部队撤出苏丹。这成了戈登的最后一次任务。1885年1月26日，他被马赫迪穆罕默德·艾哈迈德手下疯狂的士兵团团包围，死在了喀土穆的枪林弹雨中。被派遣去营救的英国军队到达时，一切为时过晚。英国军队被召回。苏丹落入了德尔维希（Dervish）的统治之下。这是苏丹人一段充满恐惧的经历。1885年马赫迪穆罕默德·艾哈迈德死后，阿布都拉·伊本·穆罕默德继任哈里发。两人的统治期间充满了无休止的战争、屠杀、破坏和饥荒。几百万苏丹人因此丧命。奴隶贸易不可避免地死灰复燃。虽然比起其他苦难，奴隶贸易给苏丹人带来的痛苦是最小的，可即使这样，他们也苦不堪言。追随戈登多年的副官鲁道夫·卡尔·冯·斯拉廷[①]曾被阿布都拉·伊本·穆罕默德囚禁。他有过这样一段描述：

---

① 鲁道夫·卡尔·冯·斯拉廷（Rudolf Carl von Slatin，1857—1932），奥地利人，曾被囚于恩图曼十一年，后在他人帮助下逃脱。经过三个星期穿越沙漠的长途跋涉，到达埃及的阿斯旺。维多利亚女王授予他巴斯荣誉勋章和皇家维多利亚勋章。——编者注

戈登之死。乔治·W. 乔伊（George W. Joy, 1844—1925）绘

什鲁克人^①被打败后，扎基·图玛尼尔（Zeki Tummal）将几千名可怜的什鲁克士兵统统塞进通常用来运输自己部队的小驳船，把他们打发到恩图曼^②。船还未抵达目的地，就有几百人在狭小的空间中死于窒息。船靠岸后，阿布都拉·伊本·穆罕默德将还活着的大部分年轻男人收入自己的保镖队伍中，女人和女孩则在持续几天的公开拍卖场合上被卖掉……几百人患了病；这些可怜的人根本不可能找到买家。他们只能在河岸边拖着病恹恹的身体，直到咽下最后一口气。没有人愿意埋葬他们。尸体被推到河里后被水冲走。

苏丹人的痛苦终于在20世纪到来之前结束了。只要阿布都拉·伊本·穆罕默德还是尼罗河上游的主人，埃及的局势就会不稳定。越来越多的人明白了他的统治究竟意味着什么。在形势的驱使下，英国与埃及联军终于在1896年南进。1898年，赫伯特·基奇纳（Herbert Kitchener）在恩图曼与四五万人的德尔维希部队交战时取得决定性胜利。几周后，阿布都拉·伊本·穆罕默德在逃跑途中被俘，在激战中被杀。1898年底，英国政府和埃及政府联合控制了苏丹。除了阿比西尼亚险峻的山区偶尔还有掳掠

① 什鲁克人是来自苏丹的一个部落。——译者注
② 恩图曼，又译乌姆杜尔曼，是苏丹喀土穆省的一座城市。——译者注

奴隶的现象，有人还会通过红海偷运奴隶，尼罗河上游地区的奴隶贸易已经被废除。

到了1900年，东非大湖区南部、东部和北部的奴隶供应地——北罗得西亚、尼亚萨兰、东非、乌干达和苏丹受到管制，无法继续供应奴隶。东非大湖区西部的奴隶贸易分别由在刚果河上游的亨利·莫顿·斯坦利、其比利时的继任者及从撒哈拉沙漠向西南方向行进、从加蓬向东北方向行进到苏丹边界的法国部队进行遏制。最后，在欧洲禁止跨大西洋奴隶贸易后西非内陆当地的奴隶贸易依然存在，这有待根除。

英国主要废除的是黄金海岸和尼日利亚的奴隶贸易。黄金海岸上原来的奴隶贸易据点在英国保护地的管制下艰难地维持着"合法"的贸易。在尼日利亚，英国的商人受麦格雷戈·莱尔德（Macgregor Laird）的进取心和热情鼓舞，在尼日尔河岸从事着类似的贸易活动。其实由英国正式管控的地盘是拉各斯岛这块弹丸之地。这是英国与跨大西洋奴隶贸易进行斗争的一个插曲。斗争结束后，不少英国人忘记了之前的人道主义者倡导的"积极政策"，认为英国不应当再与西非保持联系，毕竟英国的纳税人交的钱几乎可以养活英国贸易。1865年，英国下议院专责委员会在报告中称，"任何领土扩张或英国政府在别处主张权力的做法……是不合适的"，并希望"我们能最终撤离"西非——除了塞拉利昂。然而，专责委员会的愿望没有实现。三十年过去了，废奴局势发生了逆转。奴隶贸易迅速发展。黄金海岸的英国保护地得到了扩展和重组。1886年，尼日尔商人得到皇家尼日尔公司的特许状，将"势力范围"沿着尼日尔河向北延伸。与在东非一样，法国也在"争抢"地盘，西非的黄金海岸和尼日利亚受到两面"夹击"，迫使英国政府不得不筑牢自己的地盘。到了1900年，通过与法国缔结一系列条约，英国将自己在黄金海岸及其腹地、尼日利亚北部和南部的统治边界固定下来，并在"授权书"范围内对统治边界进行了小范围扩充。

弗雷德里克·卢吉再次扮演了重要的角色。一完成在东非的工作，他就被调往皇家尼日尔公司。1894年，他代表皇家尼日尔公司从杰巴带兵行进到尼基，并料到英国"势力范围"的西北角会被法国人攻入。1897年，由皇家尼日尔公司主管乔治·陶布曼·戈尔迪（George Taubman Goldie）爵士带领的皇家尼日尔公司警察部队参与了努佩和伊洛林的埃米尔掳掠奴隶的行动。卢吉再次接受英国政府的委任，建立一支非洲部队，即西非边防军。1900年，英国政府接管皇家尼日尔公司工作后，卢吉被任命为北尼日利亚保护地高级专员。他上任后的第一个任务是与尼日尔河上游和乍得湖之间的豪萨和博尔努傲慢自负、有权有势的统治者谈判。卢吉将军事和政治手段相结合，在不到三年的时间里完成了谈判，几乎没有造成流血冲突。1903年初，西非的统治者都接受了英国的"保护"。在索科托举行的一次由显要人士出席的会议上，卢吉提出了新政体的首要原则。一方面，英国政府将尽可能地避免直接行使权力：不干涉豪萨和博尔努的传统君主制、宗教和伊斯兰法律；另一方面，英国政府将在必要时行使权力以防止冲突和动乱，最重要的是禁止奴隶贸易继续。到了1914年，总督卢吉对尼日利亚实现了统一管理。

布鲁塞尔废奴会议上通过的法案只提到了应对奴隶贸易，并未提出关于奴隶制的问题。然而，在英属热带非洲、西印度群岛和毛里求斯岛，由于奴隶制是奴隶贸易赖以生存的条件，通过控制奴隶供应地来完全消灭奴隶贸易意味着奴隶制将逐渐消亡。一夜之间解放西印度群岛的奴隶遇到了重重困难。不愿意重蹈覆辙的英国政府并没有像英国的某些博爱主义者希望的那样，加速奴隶制消亡的过程。英国政府决定遵照1843年印度政府的先例。从尼日利亚开始，一直到所有其他被英国占领或"保护"的土地上，奴隶制的合法地位被取消，禁止购买新的奴隶，从而解放奴隶的后代。1928年，据说已有二十万名奴隶获得了自由民的身份，英国在非洲最早建立的殖民地塞拉利昂才得以真正推行这一"消极解放奴隶"的政策。

世界大战[①]爆发时，欧洲人在占领的土地上消灭了奴隶贸易，同时大体上消灭了奴隶制。虽然欧洲造成的全世界范围内的冲突不可避免地将非洲卷入其中，又一次给非洲带来了伤害，但从另一个方面看，世界大战的直接影响之一便是使人道主义思想全面复兴，并促使其再次被运用到非洲这片土地上。人道主义思

①　即第一次世界大战。——编者注

想在《国际联盟公约》中的第二十二款条文中得到直接体现。该条文提出，协约国从德意志帝国和土耳其帝国手里得到的土地上生活的"各民族福祉使他们对文明产生了一种虔诚的信任"。条文还宣布，协约国必须在国际联盟的监管之下行使"托管"权力，遵照国际联盟批准的"授权书"中规定的条款。在适用于德国在非洲的前殖民地"授权书"条款中，有一项是关于遏制"一切形式的奴隶贸易"和"在条件允许的范围内尽快根除国内外的奴隶制"的。在坦噶尼喀，德国政府已经采取措施改善奴隶的状况，为奴隶主自愿释放奴隶创造条件，并宣布解放所有1905年之后出生的奴隶。不久，进一步废除奴隶制合法地位的措施得以出台。曾为德国保护地的多哥兰和喀麦隆的部分土地被交给英国管理，分别归入黄金海岸殖民地和尼日利亚殖民地。

　　《国际联盟公约》中体现的"托管"原则由来已久。可以说，自埃德蒙·伯克和威廉·威尔伯福斯以来，英国政府一直在争取"托管"的权力，虽然不时遇到挫折，但一直没有放弃。"托管"原则并不仅限于"授权书"中规定的土地。《国际联盟公约》正是在上述背景下形成的。之前签订的协议只提到了奴隶贸易，而1919年，签约国在《圣日耳曼昂莱条约》中做出承诺，"尽最大努力全面压制一切形式的奴隶制"，包括强迫劳动、以收养为名行奴役之实、强迫同居和卖身抵债。毫无疑问，这需要更多国际合作。的确，在欧洲统治下的几乎所有国家，奴隶制已经消亡或正在消亡，但在世界上的其他地方——阿拉伯半岛、阿比西尼亚和利比里亚仍有数百万奴隶。为了更深入地揭示奴隶制继续存在的真相，给相关政府施加舆论压力以出台停止奴隶贸易的措施，仅有《圣日耳曼昂莱条约》是不够的。1922年，在新西兰代表阿瑟·斯蒂尔-梅特兰[1]的提议下，国际联盟大会通过决议，将解决奴隶制问题提上议事日程，要求理事会提交一份报告。1923年，阿比西尼亚申请成为国际联盟成员。如果想要得到批准，它必须废除奴隶制。奴隶制问题的现实意义得以彰显。1925年，临时奴隶制委员会指派英国代表弗雷德里克·卢吉调查废除奴隶制的具体工作。1926年，临时奴隶制委员会提交了一份报告，建议制订一份新的废奴公约，不仅应该邀请《圣日耳曼昂莱条约》的各签署国和国际联盟的全体成员，还应该邀请世界上所有国家支持这份废奴公约。国际联盟接受了提议。1926年，切尔伍德子爵[2]（Viscount of Chelwood）提交了由英国政府起草的公约草案，规定"以循序渐进的方式尽快全面废除一切形式的奴隶制"。废奴公约签署国同意并通过了这一公约草案。

对奴隶制问题的关注产生了方方面面的影响。英国政府迫于

---

[1]　阿瑟·斯蒂尔-梅特兰（Arthur Steel-Maitland, 1876—1935），英国保守党政治家。——编者注
[2]　即罗伯特·加斯科因-塞西尔（Robert Gascoyne-Cecil, 1864—1958），英国律师、政治家与外交家。他是国际联盟的创始人、捍卫者之一。1937年，他获得诺贝尔和平奖。——编者注

议会和废奴协会的压力，着手消除仍藏匿于其领土各处的奴隶制残余。塞拉利昂长期悬而未决的奴隶制合法地位的废除问题终于得以解决。缅甸总督派出远征队，深入偏远未知的边境省份，将那里奴隶全部解放。

在英属印度边境东北部的尼泊尔是一个独立的国家，曾与英国结盟。尼泊尔的摩诃罗阇[①]（Maharajah）在1924年向其子民发表的一篇演讲中，用极富感染力的语言成功发出呼吁，国内的五万名奴隶应该获得自由。阿比西尼亚出台管制措施遏制奴隶贸易，改善奴隶状况，但这些管制措施执行不到位。阿比西尼亚边境山区的居民仍然自行其是，经常进入毗邻的苏丹和肯尼亚的英国领地掳掠奴隶。1831年，阿比西尼亚皇帝海尔·塞拉西一世（Haile Sellassie）迫于全世界的舆论压力，决心认真处理国内棘手的奴隶制问题，并邀请英国废奴协会提出建议和帮助。

英国政府欣然接受邀请，并派出"奴隶解放者"福韦尔·巴克斯顿的曾孙诺埃尔·巴克斯顿（Noel Buxton）爵士率领的代表团前往亚的斯亚贝巴。在与海尔·塞拉西一世及其大臣充分讨论后，代表团得出结论：阿比西尼亚的奴隶制应该可以在十五年到二十年内废除。

三十八个国家签署了1926年的《奴隶制公约》。然而，英

---

① 摩诃罗阇是一个梵语头衔，意为"伟大的统治者"或"伟大的君主"。——译者注

第 8 章 最后的阶段

国人普遍认为，虽然欧洲对奴隶制的态度自1815年以来发生了很大的变化，但1926年的《奴隶制公约》实际上很难达到《维也纳宣言》的效力，除非通过合适的机构，将奴隶制问题摆在议程首位，并为奴隶制问题的解决提供便利。为此，在英国政府的要求下，第二届临时奴隶制委员会提议，设立一个权威的国际专家小组，其具有监管奴隶制存续状况、就废除奴隶制的措施出示报告及向国际联盟提出关于加快废除奴隶制的建议的永久义务。然而，一开始，由于害怕可能会引发侵犯"国家主权"的敏感争议，设立国际专家小组的提议一直没有通过。不过，1931年，英国政府还是做出了有力的行动。在废奴史上占有一席之地的巴克斯顿家族的另一名成员西德尼·查尔斯·巴克斯顿（Sydney Charles Buxton）伯爵提出的动议得到了弗雷德里克·卢吉等人的支持。上议院表明立场，称"废止奴役奴隶、交易奴隶和掳掠奴隶的行为是刻不容缓的国际义务……需要进一步采取明确的措施，以消灭一切形式的奴隶制"。议员们在辩论后一致认为，需要筹划的主要措施是设立永久奴隶制委员会，其功能类似于总部设在日内瓦的永久任务委员会。有了上议院议员的决议支持，英国政府再次敦促设立永久奴隶制委员会。这次，政府的努力收到了回报。1932年10月12日，国际联盟大会通过一项决议，规定在1933年的国际联盟大会上，成员国将就设立七人专家顾问委员会所需的资金进行投票。专家顾问委员会不限定任期，负责研究奴隶制中存在的主要问题，定期形成报告提交给国际联盟理事会，并由国际联盟秘书处辅助其工作。这样一来，1926年的《奴隶制公约》的执行有了合适的机构。我们几乎可以肯定地认为，除了文明的理念无法到达的偏远、动荡的地区，奴隶制的最终消除将在不久的将来成为现实。

我们叙述的故事即将收尾。这个故事其实只涉及一个宏大主题的一部分，即人类自古有之的交往：不同种族之间、白人与有色人种之间、强者与弱者之间的交往。英国人明白了，未来的交往中的相互理解与合作远胜于冲突和压迫。英国废奴运动的故事使一个深入人心的伟大传统薪火相传。各位带头人——格伦维尔·夏普、威廉·威尔伯福斯、托马斯·克拉克森、扎卡里·麦考利、福韦尔·巴克斯顿、帕默斯顿勋爵、大卫·利文斯通、查理·乔治·戈登和弗雷德里克·卢吉等人为英国废奴运动立下的功劳有目共睹。英国人中间形成了一个强大的想法，即坚决、持续地致力于毁灭自己曾经努力维系的罪恶。如果不是这样，英国废奴运动的带头人也不会取得这般成就。英国历史上曾有过无比黑暗和令人质疑的时刻，但这段历史至少是清楚的。这样看来，曾直白地描述了欧洲道德力量兴衰的威廉·莱基（William Lecky）对英国废奴运动的赞美并未言过其实："如果世界史是一本书，只有三四页的历史是无可指摘的。不知疲倦、低调、不光彩的英国反对奴隶制进程应该被算在其中。"